LA FONTAINE
ULTIME CONFESSION

Gilles de Becdelièvre

LA FONTAINE
ULTIME CONFESSION

Éditions SW Télémaque

Remarque : Dans le livre, les phrases en italique sont des citations avérées de personnes mises en scène ou évoquées. L'ajout de guillemets indique que le locuteur n'en est pas l'auteur.

Site de l'auteur : http://www.gillesdebecdelievre.fr/

Éditions Télémaque 7, rue Pérignon, 75015 Paris
www.editionstelemaque.com
ISBN : 978-2-7533-0160-3

Quant à son temps, bien sut le dispenser :
Deux parts en fit, dont il voulait passer,
L'une à dormir, et l'autre à ne rien faire.
Épitaphe de La Fontaine écrite par lui-même

Hiver 1692-1693
Le temps des souffrances

1

Se croire un personnage est fort commun en France.
On y fait l'homme d'importance,
Et l'on n'est souvent qu'un bourgeois :
C'est proprement le mal françois.
Le Rat et l'Éléphant (Fable)

À l'église Saint-Roch

Le premier coup d'airain de l'après-midi tonne au clocher. Depuis le faîte de l'église Saint-Roch, il sonne esseulé après ceux des douze heures ; son écho s'estompe dans l'azur d'un Paris ensoleillé mais froid.

Pour le curé, il est l'heure de se sustenter.

Contrairement aux habitudes, le bedeau apporte un plateau surchargé de victuailles. Haletant, sous l'effet du poids, il dépose son fardeau avec fracas sur une desserte au centre de la pièce. Maladroit, il renverse plusieurs objets du culte et écorne la reliure de l'ancestral registre des baptêmes et des mariages.

– Votre dîner, Monsieur le curé ! Vous le devez à l'aimable attention des fils du Grand Corneille.

La lippe salivante, le sacristain ne peut se contenir.

– Un petit bouilli de raves, une poularde en son entier, une soupe paysanne aux laitues, poireaux et oseilles ; quelques côtelettes, des œufs au jus et deux flacons de vin de champagne.

À cela, s'ajoutent un fromage à la crème et quelques gourmandises : échaudés, confitures, bonbons, abricots secs…

Sous son nez, la main osseuse du curé de l'église Saint-Roch s'agite brusquement. Ce babillage gourmand l'indispose.

– La pièce où nous nous tenons est une sacristie, non point une salle à manger. Voilà qui est dit.

L'abbé Louis Coignet – c'est son nom – se met à marmonner. Est-ce son latin, une prière ou la suite de sa récrimination ? Le bedeau n'en sait trop rien. Tracassé, il suit du regard le corps fluet de l'ecclésiastique qui, tel une écharde, se plante sur un banc. Son index moralisateur pointe, le verdict tombe.

– Depuis que j'ai procédé à l'inhumation de leur père, ses enfants croient me régaler de la sorte. Il n'en est rien. C'est méconnaître mes convictions.

Les doigts effilés et noueux du curé enserrent le manche en argent d'un couteau et s'ingénient à taillader quelques pains aux amandes.

– Allez remercier Messieurs les fils du Grand Corneille…

Il s'interrompt, continue à émietter les amandes, puis se ravise.

– Non ! Ne leur dites rien. Je me contenterai de blanc-manger et suçoterai quelques-unes de ces pralines. Quant au reste, vous le donnerez aux pauvres de la paroisse.

Ce jour-là n'est point maigre – nous ne sommes pas un vendredi –, mais les dîners du curé se veulent frugaux. Il en a clairement exprimé les principes lors de sermons laborieux.

Aussi tordu qu'un cep de vigne, l'abbé Coignet ne laisse rien sortir de lui-même qui ressemble à de la tolérance. Si concilier les intérêts du ciel et les exigences de la terre n'est guère chose aisée, tout va, chez l'abbé, par l'application stricte de la doctrine. La morale tient lieu de socle. C'est simple, radical et infaillible. Tel est son sacerdoce, dès lors inutile de faire preuve de discernement.

*

* *

Coignet manque de s'étrangler.

– Jean de La Fontaine me dites-vous ?…

Le couteau d'argent glisse malencontreusement des doigts, file droit et ébrèche d'un claquement sec le rebord d'une porcelaine.

Au nom prononcé par l'abbé Vergier, le secrétaire de Monsieur et Madame d'Hervart, le curé ne peut retenir son air effaré. Va pour entendre l'objet d'une requête précipitée ! Va que les d'Hervart sont des gens d'importance ! Mais Jean de La Fontaine… Voilà qui dépasse l'entendement.

Lorsqu'on le contrarie, l'abbé Coignet s'invente des douleurs diplomatiques dans le dos. Il croit utile de se replier sur lui-même. Sans doute, aime-t-il se faire plaindre ? Chafouin, il lève un regard globuleux en direction de son condisciple. Celui-là, debout derrière la desserte, est un personnage que l'on ne peut traiter de façon discourtoise et légère. Secrétaire des d'Hervart, il est aussi leur précepteur et leur directeur de conscience. L'émissaire hoche la tête.

– Oui, Monsieur le curé. J'ai bien prononcé le nom de Monsieur de La Fontaine, l'auteur des Fables.

– Les Fables, j'entends ! Mais il a aussi écrit des Contes, des textes ignobles…

Les bajoues, sur lesquelles court un chapelet de lentilles brunes, masquent tant bien que mal l'odeur de ses intérêts. L'abbé Coignet veut « soigner » son apparence. S'il a peu de mérite, il connaît des gens qui en ont beaucoup. Sa paroisse est fréquentée par la haute noblesse, de celle qui se rend quotidiennement à la cour de Versailles.

Le curé se renfrogne.

– Devoir tenter quelque chose pour cette âme perdue, franchement !

– Assurément. Le rachat de Monsieur de La Fontaine fera pièce à votre tableau.

– Voyons ! Madame d'Hervart me demande d'assister un écrivain impie et vivant de la charité. Un homme dépourvu de fonctions et de titres !

Le secrétaire a un haut-le-cœur. La charité n'étouffe guère ce curé. Interloqué, Vergier ajuste son jabot avec une savante négligence. Calmement, il réédite sa requête.

– Monsieur de La Fontaine a plus de soixante-dix années de vie. Il est amoindri et malade. Il veut faire acte de contrition. Monsieur et Madame d'Hervart intercèdent en sa faveur afin de savoir si vous pouvez lui apporter confession et absolution.

Un grognement qui s'apparente plus à un gémissement s'échappe des lèvres pincées de l'ecclésiastique.

Le temps de prendre la mesure de la situation, il saisit le cristal d'un verre qu'il remplit d'eau et l'avale d'un trait.

Une chose est certaine, pas question de se compromettre avec ce poétaillon à la réputation douteuse et aux écrits diaboliques ! Le cerveau trop vite en ébullition à cause d'une courte intelligence, il se jette sur la seule issue qu'il connaisse : la morale. Si les d'Hervart sont incontournables, il en est tout autre chose de Madame de La Sablière. L'abbé prend alors son parler gros.

– Monsieur de La Fontaine occupe toujours le logement de la rue Saint-Honoré, n'est-ce pas ?

– C'est vrai.

– Un logement gracieusement prêté par Madame de La Sablière depuis près de vingt années.

– Si vous le dites.

– Ai-je besoin de vous rappeler les conséquences de la révocation de l'édit de Nantes prononcée par notre roi [1] ?

– Vous ne pouvez en tenir rigueur à Madame de La Sablière. Elle s'est convertie au catholicisme.

– Certes, mais point ses enfants ! Demeurés hérétiques, ils ont fui à l'étranger, abandonnant cette pauvre femme.

– Où voulez-vous en venir ?

– Ont-ils réellement abandonné leur mère ? J'ai entendu dire que Madame de La Sablière était dans l'obligeance de s'occuper de ses sept petits-enfants, demeurés auprès d'elle.

– Sans doute. Mais que cela prouve-t-il ?

– Madame de La Sablière était protestante, ses enfants le sont restés et elle a la charge de ses petits-enfants. Peut-on croire à la sincérité de sa reconversion ?

– Quel est le lien de cause à effet avec Monsieur de La Fontaine ?

– Un libertin et une huguenote, je vous laisse à penser !

Si le raisonnement est tordu, le coup n'en est pas moins bas. Derrière des paupières lourdes, le curé tient ses yeux mi-clos. Vergier réalise que chez Coignet, tout est gâté par une fumée de fausseté.

Sous la lourde et épaisse perruque, le représentant des d'Hervart s'échauffe.

– Vous devez savoir que Madame de La Sablière est gravement malade. Ses jours lui sont comptés. Elle s'est retirée du

1. Le 18 octobre 1685, le roi signe l'édit de Fontainebleau qui révoque l'édit de Nantes et la chancellerie le promulgue le 22 octobre 1685. La pratique de la religion protestante est interdite dans le royaume. Elle entraîne l'exil forcé de centaines de milliers de huguenots.

monde grâce au concours de l'abbé de Rancé et son ordre de la Trappe[1]. Je vous laisse seul juge !

Coignet vacille sous l'argument. Vergier s'engouffre dans la brèche.

– C'est une singularité que celle d'observer un personnage rendu célèbre par ses Fables, vivant négligé et mendiant quelques pistoles auprès des seigneurs du royaume.

L'autre rognonne.

– Qu'y puis-je ?

– Rien, sauf faire preuve de compassion. Savez-vous que la caducité de Monsieur de La Fontaine est si miséreuse qu'il en est au point de chercher à l'étranger les secours nécessaires à sa simple existence ?

Les mains croisées et repliées sur son fauteuil, l'ecclésiastique fait la sourde oreille. Vergier hausse le ton.

– Monsieur de La Fontaine a vécu sans forfaiture ni vilenie. S'il vous confesse honnêtement ses faiblesses, il devrait obtenir votre absolution. Pour bien le connaître et l'avoir souvent rencontré, je crois cet homme simple et de bonne foi.

– Que vous dites !

Pour Coignet, le secrétaire est un véritable empois. Il veut en finir.

– Ma paroisse m'occupe fort. Aussi, je crains n'avoir le temps nécessaire et suffisant à consacrer pour sauver une âme aussi égarée.

– En ce cas…

– Tut ! tut ! mon ami… Écoutez mon propos, je peux m'enquérir auprès de jeunes prêtres qui pourraient répondre au souhait de Monsieur de La Fontaine.

1. L'abbé de Rancé est à l'origine de la création de l'ordre cistercien de la stricte observance, dont les membres sont appelés trappistes.

Il fait mine de réfléchir. Comme la hiérarchie ecclésiastique fourmille de jeunes et ambitieux abbés, ce n'est guère compliqué, il en a un ou deux à portée de main.

– Ah ! Mais pourquoi n'y avais-je pensé plus tôt ?

Coignet prend un air pénétré et entendu.

– Je songe à mon jeune vicaire, l'abbé Pouget. Tout juste sorti de la Sorbonne et affecté depuis peu sur la paroisse. Certes, il n'a pas encore confessé, ni assisté ou administré un mourant… Mais, il sait sa théologie. Selon moi, il a toutes les qualités requises pour repêcher une telle âme.

2

> Il ne se faut jamais moquer des misérables :
> Car qui peut s'assurer d'être toujours heureux ?
> *Le Lièvre et la Perdrix* (Fable)

Rue Saint-Honoré

Tout du long de la rue Saint-Honoré, située au cœur de Paris, les hôtels ont belle et fière allure. Les seigneurs de la haute noblesse tiennent là leurs quartiers d'hiver. À l'aplomb des tympans en bronze et au-dessus de chaque portail, les armoiries massives s'affichent, gravées dans la pierre ou le marbre pour les plus nantis. Bien qu'aussi orgueilleuses les unes que les autres, les entrées majestueuses doivent composer avec une porte dérobée généralement située en contrebas du pavé. C'est ainsi. Si elles se font petites et discrètes, ces portes-là sont indispensables, de celles qui servent aux entrées et sorties de la gent domestique.

À l'aube de ce matin, le loquet de l'une d'elles grince. Une silhouette, qui a tout d'un vieil homme courbé sur une canne, s'en extirpe.

Il se rend à l'église Saint-Roch, l'office des matines approche.

Paris grelotte. Le jour n'est pas encore levé, la nuit est d'encre, la ville sommeille. Au loin, la grosse horloge du beffroi de l'Hôtel de Ville sonne les six heures. Les coups sourds s'égrènent et transpercent l'air froid et humide. Pardessus la tête du vieillard, Paris n'est qu'un enchevêtrement de toitures tarabiscotées, de fenêtres en forme d'ogive et de pignons où rampent gouttières et gargouilles. Là, se tient le concert lancinant des buissons rouillés de girouettes qui sifflent et crissent à cause du mauvais vent.

Une vilaine quinte contraint le bonhomme à s'arrêter. Au pied d'une lanterne mal éclairée, il s'appuie sur une borne en pierre avec l'espoir d'enrayer la toux. Ses bronches sont tellement encombrées que sa respiration n'est qu'une suite effrayante de sifflements. L'odeur âcre des fumées des cheminées et celle des abords vaseux de la Seine empestent. Voilà qui n'arrange guère son affaire. Le vieil homme est parcouru des frissons de la fièvre, qui le secouent jusqu'aux extrémités de ses doigts gourds.

La rue Saint-Honoré vit au rythme des grincements des ferrailles qui enserrent la lumière blafarde des lanternes. Suspendues aux poternes, elles se balancent sous les à-coups du vent.

– V'là le porte-falot, monseigneur ! Jusqu'à allumer la chandelle chez vous, appréciable quand on n'a point de feu…

Sorties de nulle part, l'apparition et l'invective subite de l'allumeur de réverbères font sursauter le vieillard.

– Aide-moi à me relever !

L'allumeur hoche la tête.

– Oui da, monseigneur, mais pas avant d'avoir fait mon travail !

Le vieil homme acquiesce et observe ces gestes mille fois répétés. L'allumeur de réverbères descend les flammèches consumées, déverse soigneusement des flacons d'huile dans les trois lampes fixées au bas des réflecteurs et, au son des poulies, remonte sèchement le boîtier hexagonal.

Pour se rendre à l'église Saint-Roch, les paroissiens ne s'aventurent guère à pied. Il faut affronter la semi-obscurité et traverser de sinistres ruelles afin de parvenir au parvis. C'est pourquoi les gens du grand monde ont pour habitude d'utiliser des chaises à porteurs ou des vinaigrettes – ces caisses à deux roues où l'on entre par-devant, idéales pour les personnes obèses ou impotentes – que tirent courageusement les portefaix. Mais à cette heure-ci, ceux-là dorment encore. Pourtant, le vieillard est décidé. Depuis la porte de l'hôtel d'où il est sorti et en dépit de ses rhumatismes, il donne le bras à l'allumeur de réverbères qui le redresse péniblement. L'autre grognasse : même pas une piécette !

Mi-traînant, mi-claudiquant, la silhouette s'enfonce dans la rue. De temps à autre, son pas ou l'embout de sa canne bute sur ce qu'il espère être un sac de chiffons. En réalité, c'est un corps. Il ne le sait que trop et s'en désole. Les recoins des portes cochères sont encombrés de pauvres hères sans logis qui dorment à même le pavé. Abandonnés à leur triste sort et résignés, nombre d'entre eux ne passeront pas la mauvaise saison et meurent dans l'indifférence. C'est simple et effarant. Engourdis à cause du froid, recroquevillés sur eux-mêmes, ils cherchent le sommeil afin de tromper la faim qui fait gargouiller leur estomac.

*

* *

À la vue des feux qui illuminent les entrées de l'église Saint-Roch, le vieillard marque un temps de satisfaction. Il a eu son comptant de pas forcés.

Il enfonce son tricorne dont les hauts bords, défraîchis et délavés à cause de l'humidité, finissent par se recourber, puis relève son col qui retombe chaque fois. Il grogne tel l'allumeur de réverbères. Ses semelles battent les marches boueuses du parvis parce qu'il ne parvient pas à réchauffer ses pieds.

Le vieil homme grimpe péniblement l'escalier et contourne un essaim de miséreux enguenillés qui s'agglutinent autour d'un brasier installé à l'huis de l'entrée principale. Il passe devant le bedeau de la paroisse qui, appuyé sur une longue écuelle, s'acharne autour d'une marmite. Il prépare un viatique composé de pommes de terre, de pain, d'oignons, de sel et d'eau. À peine de quoi remplir les ventres de ces indigents qu'il lui faut déjà recommencer, d'autres arrivent...

La silhouette s'avance dans l'allée centrale jusqu'à la nef, dépasse un bénitier en pierre polie et va s'asseoir dans le chœur. Le service des matines a commencé. Destiné à sanctifier le temps de la nuit, c'est une psalmodie qui alterne la récitation de lectures saintes entrecoupée de psaumes chantés. Sinistre.

L'abbé Coignet marmonne son latin. Vêtu de ses ornements sacerdotaux, le visage empreint d'une gravité toute solennelle, l'ecclésiastique, les yeux levés au ciel, se tient les mains croisées. Derrière lui, un enfant de chœur répand, à grands coups d'encensoir, des nuages d'encens tandis qu'un autre secoue furieusement une ribambelle de clochettes.

Dans un coin du chœur, un quarteron de nonnettes observe l'arrivée branlante du bonhomme, intrigué par son habit négligé et ses bas effilochés.

Enlevant son chapeau, le vieil homme découvre un front immense, un long nez tout veiné de bleu, un faciès bilieux et des joues caves.

Il se gratte la tête. Sans doute que sous la perruque, la teigne champignonne.

Les nonnettes font la grimace : elles le voient crachoter dans un mouchoir à la couleur douteuse et croient sentir l'odeur de chien malpropre qu'il répand autour de lui. Sa physionomie a quelque chose de rebutant.

– Qui est ce monsieur ?

L'une des religieuses accroche l'épaule d'un enfant de chœur qui penche dangereusement son cierge dont les gouttes de cire s'en vont étoiler le tapis de l'autel. Le gamin, guère habitué aux règles de politesse, ne répond pas. La novice le secoue pour de bon jusqu'à ce qu'il bredouille.

– Mais ici tout le monde le connaît !

– Pas moi. Je te le redemande, qui est ce monsieur ?

La nonnette voit alors le vieillard s'agenouiller à même le sol et renverser maladroitement sa canne tandis que ses doigts s'accrochent au revers d'un prie-Dieu.

– Tu réponds à ma question !

– C'est Monsieur de La Fontaine.

– Ah !

La religieuse est médusée.

– Celui qui écrit des Fables…

– Oui.

En ce mois de décembre 1692, le Grand Siècle tire à sa fin. Louis XIV débute le crépuscule de son règne.

3

Il faut, autant qu'on peut, obliger tout le monde
On a souvent besoin d'un plus petit que soi.
Le Lion et le Rat (Fable)

À l'église Saint-Roch

On frappe à l'huis de la sacristie.

– Vous m'avez fait mander, Monsieur le curé ?

Tout amidonné dans son habit noir flambant neuf, l'abbé Pouget s'abaisse et salue. Il tire nerveusement sur sa collerette trop rigide, elle irrite son cou.

Tout ensoutané de soies, les mains croisées à hauteur de la ceinture, l'abbé Coignet se maintient sur une paire de jambes aussi grêles que celles d'un échassier.

Un point commun ? Leur mine est couleur emplâtre. « Deux faces de saints de carême », la remarque vipérine d'une paroissienne – sans doute malmenée en confession – n'est point fausse.

Le jeune vicaire a le regard tourmenté. Pétri d'une foi ardente, mais novice dans le métier, il est tout en déférence. L'autre, le menton en pointe, les paupières mi-closes et le regard oblique, manifeste de la sorte sa prééminence.

– Figurez-vous que la princesse d'Harcourt dit grand bien de vous.

– Mon Dieu ! La princesse d'Harcourt, quel honneur !

Le rouge monte aux joues du jeune abbé, saisi d'un trouble soudain.

– Grand bien vous fasse, mon ami ! Séduite par votre prêche de dimanche dernier, elle m'a déclaré d'un trait que vous étiez, je cite, une illusion pour les athées et un ange pour les croyants.

– Oh !

– Dans l'exercice de votre ministère, ce jugement est flatteur. Mais résistera-t-il à l'épreuve des faits ?

– Je ne demande pas mieux que de me montrer digne d'une telle appréciation.

– Justement ! Voici une réponse sans détour et qui, ma foi, vient fort à propos...

*

* *

Quand Coignet prononce le nom de Jean de La Fontaine, le jeune vicaire réalise, mais un peu tard, que la flatterie de son supérieur l'a piégé. Sans doute était-ce intentionnel ? En tout cas, de quoi se percer la langue pour s'être prononcé aussi hâtivement.

– Voilà un hardi dessein, Monsieur le curé ! Mais ne suis-je point trop jeune pour un homme de cet âge-là ?

Tel un bilboquet emmanché sur un cou de coq, la tête du janséniste pivote de gauche à droite.

– Non. C'est à vous de rabonnir Monsieur de La Fontaine. Et ne vous contentez pas de replâtrer une situation désespérée, je vous en garde !

– Mais Monsieur de La Fontaine *a vécu d'une manière peu conforme aux règles du christianisme. À cause de ses ouvrages scandaleux et infiniment pernicieux, il aurait besoin d'un guide autrement plus éclairé et plus expérimenté que je ne le suis...*

Lorsqu'un subordonné le contrarie, le curé prend une mine de pesteux. Devant ce qu'il craint être une rebuffade de son vicaire, Coignet s'agace.

– Assez d'éloquence! Ici, c'est moi qui tiens le dé. Vous n'allez point rester un éternel coquebin! Je vous commande de laver rudement la tête de cet impie. Est-ce dit?

Surpris par le ton agressif, Pouget, l'air tout marri, bafouille.

– Monsieur le curé, croyez que je suis convaincu que votre choix à mon égard n'est animé que par un saint motif. Je ferai de mon mieux. Il en va de mon renom.

*

* *

L'abbé Pouget découvre à ses dépens qu'auprès d'une hiérarchie, on courbe toujours l'échine. L'exemple vient de la cour de Versailles; imprégnée de codes jamais écrits mais présents dans toutes les têtes emperruquées, elle ne fait rien d'autre que se comporter de la sorte. On dit que c'est un art, l'art de la courtisanerie.

C'est si vrai que lorsqu'un membre de la noblesse sait plier avec bonne grâce, il est aussitôt admiré et jalousé par ceux qui réussissent moins bien dans cet exercice de la souplesse. Ce n'est point affaire d'orgueil mis à mal, plutôt d'enjeux qui récompensent ceux qui la pratiquent avec talent : pensions, appuis ou fonctions enviés payent de retour les maîtres de la courtisanerie.

Comme le second ordre, le premier n'échappe pas à la loi du genre[1]. L'abbé Pouget se doit de remplir au mieux sa mission. Il le sait. Il a tout à y gagner.

1. En monarchie, le premier ordre était le clergé, le second, la noblesse.

4

Chacun se dit ami ; mais fol qui s'y repose.
Rien n'est plus commun que ce nom ;
Rien n'est plus rare que la chose.
Parole de Socrate (Fable)

Au couvent des Feuillants, rue Saint-Honoré, chez Jean de La Fontaine

Depuis l'entrée crasseuse de la rue Saint-Honoré jusqu'au logis de La Fontaine, situé au-dessus du portail du couvent des Feuillants, le visiteur doit traverser une succession de cours intérieures, de corridors défraîchis et d'escaliers branlants. L'endroit est des plus ténébreux, comme une sorte de boyau se tortillant au gré des appartements, des remises ou des greniers qu'il distribue. L'accès nécessite l'utilisation d'une chandelle ; à défaut, on risque de se prendre les pieds sous un empilement de caisses délaissées et de sacs en mauvaise toile dont on n'ose savoir ce qu'ils contiennent.

Le pas de l'abbé Pouget, précédé du candélabre porté haut par le bedeau, s'emboîte dans celui d'un ami de La Fontaine.

À la question : Comment aborder le poète ?, qui le hante depuis son entretien avec l'abbé Coignet, le vicaire, accompagné de cet ami, espère tenir là un bon subterfuge qui va l'aider à franchir l'obstacle de cette première rencontre. Pour la suite ? Dieu y pourvoira.

*

* *

– Entrez !

Le bedeau entrouvre avec difficulté une porte grinçante et s'efface au mieux afin de laisser le passage au vicaire et à l'ami.

– Je vous attendais.

La voix éraillée provient du dos d'un fauteuil situé à une enjambée des visiteurs. L'abbé ne peut voir son interlocuteur, à l'exception du sommet d'une perruque dépassant le haut du dossier et d'un bras posé sur l'accoudoir tandis que la main chiffonne la dentelle d'un mouchoir.

Du regard, Pouget embrasse le lieu. La pièce est envahie de bustes en terre cuite. Pêle-mêle, il reconnaît les figures de Virgile, d'Ésope, de Térence, de Plaute, d'Homère... Le prêtre est pris d'un frisson. Ici, tout est imprégné d'une odeur d'humidité. Les vieux châssis des fenêtres dénués d'étoupe ou de chiffon donnent passage au vent et à la neige. Les arcades du plafond voûté dansent tant bien que mal sous l'effet des chandelles. De part et d'autre d'une cheminée sans feu, les murs boisés ne sont qu'une succession d'étagères poussiéreuses, encombrées de livres ou alourdies par d'épais dossiers que relient des chemises en cuir ; enrubannés pour les plus délicats, ficelés pour les plus coriaces.

Le pas hésitant et le cœur battant, le jeune vicaire s'avance. Il contourne le fauteuil et découvre celui dont il va devoir purger l'âme de ses fautes : Jean de La Fontaine.

Que reste-t-il de cet homme de salons, discret, la taille avantageuse et bien prise dans son habit ? Où est ce visage inspirant sympathie et confiance ? Que reste-t-il de ce personnage en rien maniéré, à la voix si douce et si enjôleuse? Et cette bouche large et charnue qui en dit long sur ses appétits? Et ces yeux remplis de gentillesse et de malice? Rien ou si peu.

Décontenancé, l'abbé Pouget aperçoit une vieille carcasse grelottante au regard fiévreux et à la respiration sifflante.

– Je vous reçois bien mal, Monsieur l'abbé. Comme vous pouvez vous en apercevoir, je ne suis pas au mieux.

Le tableau n'est guère flatteur. Au débraillé d'une robe de chambre élimée et incertaine, le poète ajoute un teint cireux. Sans se lever, il esquisse un vague sourire. S'ensuit alors un silence gênant que l'abbé, mal à l'aise, croit utile de remplir.

– Mon père, André Pouget, que vous connaissez, s'enquiert de votre état de santé.

L'œil est fébrile mais suffisamment vif pour le transpercer.

– Je crois, Monsieur l'abbé, vous avoir répondu.

L'ecclésiastique déglutit.

– Oui, bien sûr! Je me suis permis de vous amener une de vos relations. Un de vos amis, je le crois...

À ces mots, le vieux poète découvre l'ami en question. Pris d'une frénésie soudaine, il s'appuie aux accoudoirs et tente de se soulever.

– Jean!

– Jean!

Les deux voix se confondent, les prénoms aussi. Ils portent le même. D'un même élan affectif, ils s'étreignent.

– Que me vaut ta visite?

– Celle d'accompagner ce jeune vicaire car ce n'est point faute de t'exhorter à une pratique fervente de la religion et d'en respecter tous les devoirs. L'abbé Pouget est là afin d'y remédier. Il a toute ma confiance.

Le rouge monte aux joues couleur face de carême.

– Monsieur Racine, vous me flattez!

– Souhaitez-moi plutôt un bon anniversaire, Monsieur l'abbé ! Je fête ce 22 décembre mes cinquante-trois années…

Depuis le fauteuil, un éclat de rire s'étouffe dans une toux rauque et interminable. Le poète se reprend.

– On te disait en campagne auprès du roi.

– De temps à autre, il lui arrive de me laisser souffler.

Le sourcil en accent circonflexe – chez La Fontaine, un signe de réflexion –, il s'adresse au jeune prêtre.

– Savez-vous que je me suis mis à lire le Nouveau Testament ?

– Je ne puis que m'en réjouir !

– Je vous assure que c'est un fort bon livre…

La Fontaine s'interrompt, le temps de calmer une respiration hachée et d'amender la suite de son propos.

– Oui ! Par ma foi, c'est un fort bon livre… Mais il y a un article sur lequel je ne suis pas rendu.

La face de carême plisse du front.

– Un article, dites-vous ? Un article dans le Nouveau Testament…

– Oui, un article ; celui intitulé « l'Éternité des peines ». Je ne comprends pas comment cette éternité-là peut s'accorder avec la bonté de Dieu.

– Qu'entendez-vous par là ?

– Dieu est miséricorde.

– Ah pour ça, oui !

– Eh bien, s'il n'est pas le cruel justicier de la Bible, sa justice ne peut être aussi terrible.

– Que dois-je comprendre ?

– N'ayant point grand-chose à me reprocher, il me sera aisé de me mettre sous l'aile du Bon Dieu.

– À ce jour, je crains fort qu'il n'en soit rien vous concernant !

– Soit, mais que voulez-vous ! Je ne parviens pas à croire à l'Enfer…

La soutane frémit de haut en bas sous l'effet d'une telle conclusion. Ne pas croire à l'Enfer ! La naïveté plaisante du fabuliste ne concorde en rien avec les convictions du jeune abbé. Mi-tremblant, mi-agressif, il déclame :

– Vous ne pouvez tenir un tel propos, Monsieur de La Fontaine. L'éternité des peines est juste et fondée. L'enseignement de la théologie en dit long à ce propos.

– La théologie n'est pas mon entretien favori. Les amphigouris des théologiens me désespèrent.

– Je vais tâcher de vous éclaircir sur le sujet !

L'air presque débonnaire, le poète opine du bonnet.

Pouget saute sur l'occasion. Avec ferveur sur un sujet taillé à sa mesure, il se met à évoquer les principes de saint Augustin. Son débit verbal comme son argumentation sont proprement impressionnants. Pour la forme, La Fontaine objecte mais ne comprend rien et au fond s'ennuie.

*

* *

Deux heures plus tard, l'abbé Pouget s'est retiré. Les deux amis se retrouvent en tête à tête. Le regard dans le vague, La Fontaine prend la main de Racine et s'attendrit.

– Dieu que le temps de nos friponneries me semble lointain !

– Tout autant que celui de nos maîtresses…

L'esquisse d'un sourire effleure les lèvres de La Fontaine.

– Te souviens-tu de la Champmeslé ?

– Entre autres… Mais, et tu le sais, ce temps-là est pour moi révolu. J'ai trop de respect pour l'ordre des choses : la religion, les rites, la famille et les souvenirs. Toutes ces choses constituent une réalité qui fixe et repose mon esprit. Cela fait maintenant plus de quinze années que je vis de la sorte : marié, de nombreux enfants et réconcilié avec Port-Royal.

La Fontaine secoue son mouchoir, comme s'il voulait effacer un sujet pour lui sans grand intérêt.

– Parle-moi plutôt de ta dernière tragédie, *Athalie*.

Racine grimace.

– Oh, dès lors qu'il s'agit d'une commande de Madame de Maintenon pour ses demoiselles de Saint-Cyr, je n'ai pas grand-chose à en dire... Mais revenons-en plutôt à toi. Les sermons de messe t'ennuient toujours autant ?

– Les prédicateurs répandent sur moi un ennui mortel.

– Sauf une fois ! T'en souviens-tu ?

Le vieux poète prend un air dubitatif.

– Allons ! C'était un Jeudi saint, à l'office des Ténèbres. Comme à l'habitude, je t'y avais traîné. Et comme à ton habitude, tu t'ennuyais ferme. Je t'ai alors tendu un volume de la Bible sur les Petits Prophètes. Par hasard, tu es tombé sur la prière des Juifs dans Baruch.

– Maintenant, je m'en souviens. Le texte m'avait ébloui.

– Tu m'as même dit : ce Baruch est un grand génie !

– Assurément.

– À se demander si ton émerveillement de ce jour n'est pas révélateur de la foi qui dort en toi...

Le mouchoir s'agite.

– Revenons à ce jeune abbé Pouget !

– Qu'en penses-tu ?

Une brève lueur de malice éclaire le regard du vieillard.

– Peut-être aurais-je dû lui dire que j'avais passé deux années à l'Oratoire[1] ?

1. Jean de La Fontaine aurait dû devenir prêtre. « Un mouvement de ferveur lui inspira d'être ecclésiastique » déclare le père Batterel accueillant le jeune La Fontaine, âgé d'à peine vingt ans ce 27 avril 1641, à la congrégation de l'ordre de l'Oratoire, à Paris.

Le dramaturge s'esclaffe, La Fontaine s'agace, quoique mollement.

– Ta réaction est bien sotte.

– Rien n'est moins sûr, mon bon ami ! Ton passage à l'Oratoire ne plaide nullement en ta faveur.

– Il est vrai que je me suis contenté de porter seulement le petit collet.

– Et on te disait fort dissipé ! Ta décision était aussi légère qu'irréfléchie... Jean, tu n'as jamais eu la vocation !

– Sans doute. Cependant, je me souviens avec nostalgie des parfums d'encens et du tintinnabulement des clochettes à l'offertoire.

– Tout cela entretenait ton désir de ronronner.

– Ronronner ?

– Oui, tes envies d'endormissement... Voilà qui est fort ennuyeux pour une personne qui prétend vouloir porter la soutane.

– Tu es impitoyable.

– Soit ! Mais que dire de tes lacunes en théologie ?

– Je n'entends rien à cette science-là. Bien que ce jeune abbé ait mis une grande ardeur à me démontrer que l'Enfer existe, je n'ai guère compris grand-chose à son galimatias...

– Comparez la théologie à un galimatias !

– À cette époque, un père qui s'appelait Desmares voulait m'enseigner la théologie. Les oratoriens ne le voulaient pas. Ils crurent qu'ils ne pourraient me l'enseigner, ni moi l'apprendre. Je crois qu'ils avaient raison.

– Mais alors, à quoi passiez-vous vos journées avec ce père ?

– Il s'amusait à lire son *Saint Augustin* et moi mon *Astrée*.

Pour le coup, Racine éclate de rire.

– Quoi ! S'amuser à lire *L'Astrée*... plus de cinq mille pages racontant des idylles de bergers menant paître leurs moutons et dissertant à longueur de pages sur les composantes de l'amour… Quant à s'amuser à lire *Saint Augustin*, à moins d'être un érudit en théologie, ces textes sont d'une aridité sans pareille pour le commun des mortels. Ta façon de voir laisse rêveur !

*

* *

Passant l'entrée de la rue Saint-Honoré, Jean Racine, la tête baissée derrière le col relevé haut de son manteau, bute sur l'abbé Pouget. Celui-ci bat de la semelle. Il gèle à pierre fendre[1].

– Vous m'attendiez.

– Bien sûr, je suis impatient d'avoir le sentiment de Monsieur de La Fontaine. Que décide-t-il ?

– Je crois qu'il a la ferme volonté de raconter toutes ses fredaines.

– Ah !

– Je crois même qu'il dira toutes ses pensées les plus intimes. Et peut-être, même celles qu'il n'est pas sûr d'avoir eues !

– Oh !

– Oui, à se purifier sur la table sacrée des souillures dont il s'est taché !

– Voilà de bonnes nouvelles. Mais, quel est son avis sur ma personne ?

– Il dit être très satisfait de la conversation que vous avez eue avec lui, qu'il a encore d'autres difficultés sur lesquelles il voudrait s'entretenir avec vous. Et si jamais il prenait le parti de se confesser, il ne veut d'autre confesseur que vous.

1. L'hiver 1692-1693 est rude. Le thermomètre avoisine les – 5 °C à Paris, des semaines durant. 1693 sera la pire période du règne de Louis XIV (disette et mortalité).

Pour un peu, l'abbé aurait embrassé Racine. Ayant grand mal à contenir sa joie, il se dandine d'un pied à l'autre et bat des mains.

– Que vous arrive-t-il l'abbé ?

– Le froid, Monsieur Racine, le froid…

L'après-midi même, Pouget retourne voir La Fontaine. Cette fois seul, il engage un nouvel entretien.

Leurs conciliabules dureront six semaines.

1644-1658

Le temps du mariage

5

Homme qui femme prend se met en un état
Que de tous à bon endroit on peut nommer le pire :
Fol était le second qui fit un tel constat ;
À l'égard du premier, je n'ai rien à lui dire.
Épigramme contre le mariage (tirée d'Athénée)

Au couvent des Feuillants, rue Saint-Honoré

Ragaillardi par les propos de Racine, encore tout essoufflé de sa course à pied et des marches grimpées quatre par quatre, l'abbé Pouget fait économie des usages de la politesse. Traînant un mauvais tabouret qu'il approche à l'aplomb du fauteuil occupé par le poète, il s'assoit et entre sans ambages dans le vif du sujet.

– À vous écouter ce matin, vous n'avez jamais fait de la religion votre capital.

– J'en conviens.

– Vous êtes un homme abstrait, Monsieur de La Fontaine.

– Peut-être.

– Vous pensez sans suite. Vous ne vous embarrassez de rien comme vous ne prenez rien fort à cœur…

Plus surpris par ces jugements incisifs que par l'entrée fracassante du jeune prêtre, La Fontaine esquive.

– Eh bien, l'abbé, me voilà soudain encombré de bien des défauts ! Sont-ce là péchés mortels ?

Pris de court, l'abbé ânonne.

– … Non, mais vous êtes un homme de bon sens. Et si vous examinez de près les choses de la religion chrétienne, à tête reposée, vous ne pourrez vous dispenser de convenir que notre croyance est véritable.

– N'est-ce point présomptueux de votre part ?

Pouget rehausse le torse.

– Non !

– Assurément ?

– Assurément ! C'est cette vérité que ma vocation se charge de prêcher à vous autres fidèles égarés. *Vous reconnaîtrez que c'est folie que de vivre comme le font la plupart des hommes.* Et vous en êtes.

– C'est-à-dire ?

– Vivre d'une manière opposée à ce qui fait profession de croire.

– Ah !

Un silence gêné s'installe entre le poète et l'abbé. Une génération les sépare. Le premier, du haut de son âge, mesure ce que signifie l'inexpérience de la vie ; le second, absorbé par la foi de son prêche, tient là son pécheur et s'en remet à son Seigneur pour l'aider à sauver cette âme impie.

– Aussi, Monsieur de La Fontaine, afin d'assurer votre salut, il nous faut repasser tous les aspects de votre existence.

– Vous le voulez vraiment ?

– Oui, de bout en bout ! Ce sera votre confession. Je vais l'instruire.

– Bon. Et une fois la chose instruite ?

– Après cela, seulement après cela, je déciderai…

– Bien.

De nouveau, le silence se glisse entre eux ; des deux, le plus embarrassé est l'abbé. Le poète, l'esquisse d'un sourire aux lèvres, le pousse délicatement dans ses retranchements.

– Mais, Monsieur l'abbé, si je me soumets volontiers à la confession, vos décisions seront naturellement empreintes d'indulgence, n'est-ce pas ?

– Ce sera fonction de vos fautes ! En tout état de cause, vous ferez acte de contrition, puis je déciderai de votre repentir, de celui qui vous ramènera sur le chemin de la rédemption et vous réconciliera avec le Ciel.

– Ainsi soit-il.

Le ton usité par le poète n'échappe pas aux oreilles de l'abbé Pouget, un peu de malice et une pointe de moquerie.

– Eh bien, allons-y !

Les regards se croisent et se jaugent.

– Par quoi commence-t-on, Monsieur l'abbé ?

– C'est à vous de me le dire.

– Je ne sais quel début prendre…

– Par exemple, si nous évoquions votre mariage ?

– Soit.

– Qu'avez-vous à dire à ce sujet ?

Le vieux poète repousse sa carcasse au fond du fauteuil, prend le temps de la réflexion puis se lance.

– Après mûr examen, j'appelle un bon, voire un parfait hymen, quand les conjoints se souffrent leurs sottises…

– Je vous demande pardon ?

– Cela est une prose de ma composition. À mon sens, l'institution du mariage est une plaie pour notre société ! J'en ai d'ailleurs écrit une Fable, *Le Mal Marié*.

Une sincérité aussi fâcheuse a pour effet de couper la chique de l'abbé Pouget. Voyant l'émoi de ce dernier, La Fontaine temporise.

– Sans doute que mon expérience du mariage n'est guère flatteuse…

L'abbé se redresse soudain.

– Monsieur de La Fontaine, vos propos sont sans détour. Voilà qui est bien, car comme le dit saint Augustin, confesser signifie faire la vérité.

– Vous ne croyez pas si bien dire !

Tout à son sujet, l'abbé n'écoute pas.

– C'est pourquoi la confession est d'abord un acte d'humilité, un rituel qui se décompose en cinq temps.

Il déplie ses doigts les uns après les autres.

– Tout d'abord, vous devez faire votre examen de conscience par lequel vous recherchez vos péchés ; puis s'ensuit votre confession, puis vient la contrition ou le repentir de vos fautes car vous prendrez la résolution de ne plus les commettre. C'est alors que je pourrai vous donner l'absolution.

Curieuse recette. La Fontaine songe à une posologie de la faculté.

– Ainsi, vous accomplirez votre acte de satisfaction.

– Mon acte de satisfaction ?

– Oui, accepter, dans l'allégresse, l'acte de pénitence que je vous demanderai.

La Fontaine écarte ses mains décharnées en signe d'acquiescement. Le prêtre repousse son tabouret et arpente le cabinet de travail de long en large.

– Cependant, il me manque un endroit.

– Un endroit ?

– Plus précisément un meuble, de ceux qui préservent les bonnes mœurs.

Le poète fronce les sourcils. Le visage de l'abbé s'éclaire.

– Voilà qui devra faire l'affaire !

Le prêtre se dirige à l'autre bout de la pièce. Il s'empare d'un paravent, le déplie et le glisse entre le tabouret et le fauteuil de La Fontaine.

– À l'église, cela s'appelle un confessionnal. Ce paravent conviendra afin de donner toute la solennité au sacrement de la confession.

L'abbé revêt alors le surplis, l'étole et ouvre son missel. Il murmure le rituel d'introduction en latin, puis élève le ton de sa voix.

– In nomine Patris, et Filii, et Spiritus Sancti. Amen.

Le bras tendu et deux doigts en l'air, il fait le signe de la croix. Souvenir de son passage à l'Oratoire, La Fontaine se soumet ; il croise les mains et reprend la formule en vigueur.

– Bénissez-moi, mon père, parce que j'ai péché.

– Que le Seigneur soit dans votre cœur et sur vos lèvres pour que vous fassiez une bonne confession.

– Je confesse à Dieu tout-puissant, je reconnais devant mes frères, que j'ai péché en pensée, en parole, par action et par omission, oui j'ai vraiment péché, c'est pourquoi, je supplie la Vierge Marie, les anges et tous les saints et vous aussi mon père de prier pour moi le Seigneur notre Dieu.

*

* *

Derrière le paravent, La Fontaine entend une psalmodie de prières ânonnées par Pouget. Il attend patiemment jusqu'à ce que la voix mal assurée mais décidée de l'abbé perce le tissu du « confessionnal ».

– Monsieur, je vous écoute.

– Je devais avoir dans les vingt-cinq années. Je me souviens. Cette nuit-là, je me suis approché de son lit et j'ai pris la main de la lieutenante qui ne dormait pas. Par bonheur, elle n'a pas crié. Elle a pris cela pour une si grande marque d'amour qu'elle m'accorda la petite oie[1]...

Le vieillard sourit à cette pensée. Un joli souvenir.

– C'était avant ou après votre mariage?

– Bien avant, Monsieur l'abbé.

– Vous n'êtes pas sans savoir que c'est pécher!

– Oui, j'en conviens. Mais je dois ajouter autre chose : la lieutenante n'a jamais été mon épouse...

– Que me dites-vous là?

– Il s'agit de Madame Rousselet, l'épouse du lieutenant général du roi à Château-Thierry... Mon père, Charles de La Fontaine, a peu goûté mon aventure amoureuse.

– On le serait à moins!

Les doigts croisés, entrelacés par le chapelet, blanchissent sous l'effet de la pression. Le rouge monte furieusement aux joues de l'abbé. De l'autre côté du paravent, La Fontaine persiste en toute innocence.

– Oh, ce n'est pas tant ce que vous croyez! Avant tout, mon père craignait pour sa charge de maître des Eaux et Forêts parce qu'elle était placée sous l'autorité de Monsieur Rousselet, l'époux de la lieutenante... Assujetti au bon vouloir du lieutenant, je vous laisse imaginer son inquiétude.

Le jeune abbé maîtrise difficilement son trouble. La voix étouffée, il oblige La Fontaine à pointer l'oreille.

– Et que s'est-il passé?

– Eh bien, mon père a décidé de me marier avec Mademoiselle Héricart. Je l'ai épousée quelques mois plus tard.

– Votre père est un saint homme.

1. Accorder la petite oie: expression de l'époque qui signifiait avoir un flirt poussé.

– Non, je ne le crois pas… N'étant guère rebelle, ce n'est point dans ma nature, j'ai accepté ce mariage. Sauf que l'anneau au doigt n'est pas non plus dans ma nature…

– Que voulez-vous dire ?

– C'est un peu comparable à une corde au cou. Quand, plus tard, on s'est empressé à mon entour afin de prendre des nouvelles – *Marié depuis peu, content ?* –, je répondais : *Je n'en sais rien.*

– Voilà qui est peu encourageant !

– Une affaire mal préparée va toujours empirant. De plus, je trouve mon épouse ennuyeuse.

Le ton, à la fois doux et abrupt de La Fontaine, décontenance l'abbé au point qu'il ne parvient à prendre la confession à son compte. Il se contente de paraphraser.

– Mademoiselle de La Fontaine[1] vous ennuie ?

– Lors de mon séjour en terre limousine, j'ai entretenu une correspondance où je crois le lui dire. Voyez toutes ces lettres ficelées, là, entre les bustes de Virgile et Ésope. Emportez-les et lisez-les !

Se doutant du trouble de l'abbé, le poète fait marche arrière.

– Le nœud d'hymen doit être respecté. Veut de la foi, veut de l'honnêteté. Je donne ici de beaux conseils… Les ai-je pris pour moi-même ?

– Je l'espère !

– Hélas, non. *Si par malheur, quelque atteinte un peu forte le fait clocher d'un ou d'autre côté, comportez-vous de manière et de sorte que ce secret ne soit pas éventé… Mentir alors est digne de pardon.*

– Oh !

1. Quand une jeune femme de famille noble (le cas de Mademoiselle Héricart) se mariait avec un homme d'une autre condition (le cas de Jean de La Fontaine), on ne disait pas Madame pour la jeune épouse mais Mademoiselle suivi du nom de l'époux.

*
* *

De retour à la cure de Saint-Roch, le jeune prêtre s'affale plus qu'il ne s'assoit au premier siège venu, le temps de recouvrer son calme et ses esprits.

La Fontaine confesse rudement ses actes ! Le vieux poète s'est montré sans détour ni façon ; à cela ajouter point de remords, ni de honte, voilà de quoi désarmer une armée d'ecclésiastiques.

Fébrile, il détache la liasse de lettres destinées à Mademoiselle de La Fontaine et parcourt quelques feuillets. Les remontrances sont sévères : « *Vous ne jouez ni ne travaillez, ni ne vous souciez du ménage. Et hors le temps que vos bonnes amies vous donnent par charité, il n'y a que les romans qui vous divertissent… Considérez, je vous prie, l'utilité que ce vous serait si, en badinant, je vous avais accoutumée à l'histoire, soit des lieux, soit des personnes : vous auriez de quoi vous désennuyer toute votre vie…* » Ses jugements sont sans appel : « *Ce n'est pas une bonne qualité pour une femme d'être savante ; et c'en est une très mauvaise d'affecter de paraître telle…* » Son épouse ne semble posséder aucune qualité aimable qui puisse inspirer de l'affection. Il ose des allusions peu flatteuses : « *Il y avait une Poitevine qui se qualifiait comtesse ; elle paraissait assez jeune et de taille raisonnable, témoignait avoir de l'esprit, déguisait son nom et venait plaider en séparation contre son mari : toutes qualités de bon augure, et j'y eusse trouvé matière de cajolerie, si la beauté s'y fût rencontrée ; mais… : je vous défie de me faire trouver un grain de sel dans une personne à qui elle manque.* »

L'abbé est soupçonneux. Le poète aurait-il pris amantes en terre limousine ? « *Rien ne m'aurait plu sans la fille du logis, jeune personne, et assez jolie… Si pourtant Morphée m'eut amené la fille de l'hôte, je pense bien que je ne l'aurais pas renvoyée.* » ; ou encore : « *Si je trouve quelqu'un de ces chaperons qui couvre une jolie tête, je pourrai m'y amuser en passant...* »

Pouget se forge une première certitude. Derrière l'apparente bonhomie du vieillard, se cache une âme corrompue par des années de laisser-aller. Pourtant la spontanéité de La Fontaine tient de la candeur. A-t-il le sentiment de fautes graves ? L'idée de repentance l'effleure-t-elle ?

Quant à ce mariage précipité, qui est allé « empirant », à la lumière de ces lettres, il a une seconde certitude : le poète n'a pas avoué toutes ses fautes.

Le vicaire s'ébroue, il doit se ressaisir ! Rien, de cette confession, ne doit rester dans l'ombre.

Il songe à Jean Racine et décide de s'enquérir auprès de lui. L'idée n'est pas sotte : fort de son amitié avec La Fontaine, le dramaturge devrait l'entretenir de bien des choses à propos de ce mariage. De plus, Racine est comme l'abbé Coignet : un janséniste.

Il est sûr qu'un témoignage est plus facile à recueillir qu'une confession. Puis, est-ce pécher que d'entendre Monsieur Racine dès lors qu'il s'agit de sauver une âme perdue ?

6

De tous les animaux, l'homme a le plus de pente
À se porter dedans l'excès.
Il faudrait faire le procès
Aux petits comme aux grands. Il n'est âme vivante
Qui ne prêche en ceci. « Rien de trop » est un point
Dont on parle sans cesse, et qu'on n'observe point.
Rien de trop (Fable)

À la cure de l'église Saint-Roch

Tandis que Pouget s'apprête à quitter la cure afin de se rendre chez Monsieur Racine, s'ouvre une des portes accédant au transept de l'église. L'abbé Coignet, curé de Saint-Roch, entre. Il est suivi d'une personne dont l'apparence et la démarche ne font aucun doute : elle est de haut lignage.

La mine contrariée du curé fait comprendre au jeune abbé qu'en cet instant, sa présence est inopportune.

– Vous, ici !

Pouget salue maladroitement tandis que son supérieur tourne les talons.

– Madame, puis-je vous présenter mon jeune vicaire, l'abbé Pouget ?

La voix de Coignet est obséquieuse à souhait, le ton est courtisan. Ses paupières plissées s'adressent à son subalterne.

– La princesse d'Harcourt nous honore de sa présence. Venue faire ses dévotions ici même, elle m'a demandé à la confesser. Notre église peut se flatter de compter parmi ses fidèles une personne de grande qualité.

Pas peu fier, le curé de Saint-Roch ! La princesse d'Harcourt est au nombre des favorites de l'épouse morganatique[1] du roi, Madame de Maintenon.

Le rouge monte aux joues du jeune abbé. Le voici en présence de la princesse aux propos flatteurs rapportés par Coignet, à savoir qu'il est une illusion pour les athées et un ange pour les croyants. Persuadé d'être gratifié d'un nouveau compliment du même tonneau, Pouget salue. Sa façon est si théâtrale que son front s'en va jusqu'au genou, s'il avait pu le cogner au sol, il l'aurait fait.

Insensible à ces salamalecs, la princesse repousse l'abbé Coignet au point de lui marcher sur les pieds et fonce sur Pouget.

– On dit que Monsieur de La Fontaine est au plus mal. Est-ce la vérité ?

La voix aigrelette est agressive et la question inattendue. Pouget est bouche bée, d'autant que la mise de la personne est aussi négligée que l'ingratitude de son physique. Son habillement malpropre n'a rien à envier à ses cheveux filasse et sa coiffure incertaine. À cause d'une carrure trop large, son port de tête est à faire peur ; son visage n'a rien de gracieux, un teint soupe au lait que tranchent de grosses et vilaines lippes.

La princesse insiste.

– N'est-ce pas ?

Son regard perçant tient de la furie. Pouget songe à une harpie.

– Oui, Madame.

1. Mariage morganatique : mariage d'un souverain (ou d'un prince) avec une personne d'un rang inférieur.

– On m'a dit que vous confessiez ce libertin ? Sans doute craint-il sa fin proche ?

Pouget glisse un œil inquiet en direction de son supérieur. Derrière la princesse, l'abbé Coignet, à cause de sa trop petite taille, se tient sur la pointe des pieds. Son air faussement benoît laisse à penser qu'il exhorte son vicaire à répondre. Pouget obtempère.

– Oui, Madame.

– Savez-vous que je sais beaucoup de choses sur la vie de Monsieur de La Fontaine !

– Ah.

– La duchesse de Bouillon m'a raconté bien des histoires à son sujet, du temps où son mari l'obligeait à vivre à Château-Thierry[1]. La duchesse et Monsieur de La Fontaine se voyaient souvent.

À ces mots, elle prend le bras de Pouget et l'entraîne sur un banc de la cure. Elle s'assoit, l'oblige à faire de même et d'un coup d'éventail, éloigne Coignet dont la présence est manifestement indésirable.

Celui-là ravale son humiliation, une habitude dans l'art de la courtisanerie sauf qu'en présence de son vicaire, c'est vexant. Mais quoi ! Oser une objection à l'une des favorites de Madame de Maintenon ? Sûrement pas ! Chez Coignet, rien ne sent moins que l'odeur de ses intérêts. Il se retire.

*

* *

La princesse se penche à l'oreille du jeune abbé. Celui-là se retient de respirer à cause d'une haleine peu ragoûtante.

1. Château-Thierry est la vie natale de La Fontaine, sa famille y vivait depuis plusieurs générations.

– Je rencontrais souvent la duchesse de Bouillon à Versailles. C'était avant son exil à Nérac, à la suite de cette vilaine affaire.

Pouget ne comprend pas. La princesse rugit.

– Mais si, voyons ! L'empoisonnement de son mari, du moins sa tentative…

L'abbé est perplexe, il n'a jamais entendu parler de cette duchesse, encore moins de sa tentative d'empoisonnement. L'éventail s'agite, la d'Harcourt s'agace.

– Là n'est point le problème ! Pour en revenir à Monsieur de La Fontaine, sachez qu'il courait le guilledou du temps où il vivait à Château-Thierry. La duchesse de Bouillon m'a tout raconté !

– Ah.

– À peine marié, déjà une vie de débauché !

– Comment pouvez-vous affirmer cela ?

– Le poète passait le plus clair de son temps loin du domicile conjugal.

– Ah.

– Puis, allez savoir pourquoi ? Il s'en revenait ! Que faisait-il entre-temps ? On ne sait. D'ailleurs, des Réaux qui le connaît bien dit fort justement « *qu'il rêve tellement qu'il est quelquefois trois semaines sans croire être marié* »… Voilà qui est fort de chocolat !

Opposant jusque-là un faciès de marbre, l'abbé se lézarde et se prend au jeu des confidences de la princesse. Après tout, il est le premier concerné, le sujet l'intéresse au plus haut point.

– Vous avez raison, c'est fort de chocolat !

– Monsieur de La Fontaine s'encombrait bien peu de son épouse. Il préférait aller conter fleurette aux bergères et aux filles d'auberge. Mais cela n'est rien à côté de cette abbesse ! Je ne me souviens plus de son nom, voyons… Bernique ! je n'ai plus ma mémoire. Ah, si ! Cela me revient, elle était abbesse à Sainte-Marie de Mouzon. La duchesse m'a rapporté qu'elle était fort peu regardante sur les folâtreries, pourvu qu'on lui en propose ! De ces femmes qui ne valent guère mieux qu'une servante dans la resserre d'une auberge.

– Oh !

– Je vous laisse juge, Monsieur l'abbé ! La Fontaine disait d'elle que « *son cœur était soupçonné d'avoir plus d'un vainqueur* »... On ne saurait si court parler pour en dire autant ! Croyez que « votre » confessé a saisi tous les avantages qu'il pouvait en tirer. Il a écrit une épître sur elle qui commence de la sorte : « *Très révérente Mère en Dieu, qui révérente n'êtes guère* »... Il ose même écrire que « *sans trop faire la mutine, Vénus se fit bénédictine* ». Voilà qui est éloquent, il transforme cette abbesse en prêtresse de l'amour.

– Quelle audace !

Le regard de la mégère prend une couleur furie.

– L'abbé, ne m'interrompez pas ! Écoutez plutôt : un beau matin, Mademoiselle de La Fontaine surprend son mari et l'abbesse au logement familial. La duchesse ne m'a point donné le détail du tableau...

Elle glousse.

– Mais avouez que la pauvre épouse a dû être toute retournée du bateau ! Quant à La Fontaine, à la vue de sa femme, il rengaine et tire sa révérence...

L'abbé veut s'exprimer, mais un coup d'éventail l'interrompt sèchement.

– Je n'en ai pas encore fini, vous dis-je ! Car voilà maintenant le pire de l'histoire. Piquée au vif, l'épouse bafouée s'en va donner des airs de coquette auprès d'un certain Poignan, un ancien capitaine de dragons, dans l'espoir de rendre son mari jaloux. Quand on disait à La Fontaine que son épouse se gouvernait bien mal, savez-vous ce qu'il répondait ?

– Non, Madame.

– « *Je ne m'en tourmente point !* » Rendez-vous compte de sa réponse, Monsieur l'abbé !

– Oui, Madame.

– Et quand les gens insistaient en déclarant que Poignan cajolait sa femme, La Fontaine leur répondait : « *Ma foi, qu'il fasse ce qu'il pourra ; je ne m'en soucie point. Il s'en lassera comme je l'ai fait* »...

– Oh !

La princesse se met à rire, de ces rires de servantes qui tiennent du braire quand les marmitons les chatouillent de trop près.

– Mademoiselle de La Fontaine en a été pour ses frais et une belle honte. Elle a eu beau lui faire des scènes, l'indifférence de son mari ne fit que décupler sa rage. Les gens de Château-Thierry disaient qu'elle « séchait de chagrin », belle expression ! Jusqu'au jour où les amis de La Fontaine le décidèrent à demander réparation : provoquer Poignan en duel ! Ni courageux, ni téméraire, La Fontaine prétexta que le capitaine était son ami, que ce n'était là que des sottises, et patati et patata... Bref, l'assaut eut lieu tout de même. Le sigisbée tira l'épée et, dès la première passe, fit sauter la lame de La Fontaine. Aussitôt, l'époux déclara : « On dit que vous êtes l'amant de ma femme ! » L'autre s'insurgea, pleura et prétexta que leur amitié devrait écarter toute suspicion. Eh bien, savez-vous comment cette histoire s'est achevée ?

– Non, Madame.

– La Fontaine a considéré que l'honneur était sauf et que Poignan pouvait rencontrer sa femme tous les jours si cela lui chantait ! Peut-on dire qu'il était fort lié à son épouse ? Je vous le demande !

– Non, Madame, mais...

Un coup d'éventail l'interrompt.

– Je n'en ai pas encore fini, l'abbé ! Car pour conclure cet odieux marché, les deux compères s'en sont allés déjeuner gaiement, trinquant en l'honneur du duel. N'est-ce point grossier ?

– Voilà qui est exagéré.

– C'est vous qui êtes son confesseur ? Alors confessez-le ! Vous avez du pain sur la planche, mon ami...

Sous l'effet des révélations de la princesse, Pouget tend une autre perche.

– La lieutenante...

– La lieutenante ?

– Madame Rousselet, l'épouse du lieutenant du roi à Château-Thierry. Ce nom vous évoque-il quelque chose ? Peut-être que la duchesse de Bouillon vous en a parlé.

– Cela me revient.

Le rire de gorge reprend de plus belle. Elle brait.

– On dit que la lieutenante lui accorda toute chose... au point que La Fontaine lui a dénoué l'écharpe de Vénus[1] !

La princesse se ressaisit, sans doute un reste d'éducation.

– Ces temps-là sont loin, Monsieur l'abbé. Est-ce si « ennuyeux » ?

La question dégrise Pouget.

– Madame, vous le savez autant que moi : le péché de fornication est grave, très grave.

1. Fait l'amour.

7

Chacun tourne en réalités,
Autant qu'il peut, ses propres songes :
L'homme est de glace aux vérités ;
Il est de feu pour les mensonges.
Le Statuaire et la Statue de Jupiter (Fable)

Rue des Marais-Saint-Germain, chez Jean Racine

Les années qui entourent le mariage de La Fontaine sont calamiteuses. Après les révélations – ou délations – accablantes de la princesse d'Harcourt, Pouget frappe aussi résolument l'huis de la porte qu'il l'est d'entendre le point de vue de Jean Racine.

Entrant dans la maison de la rue des Marais-Saint-Germain[1], l'abbé est accueilli par une ribambelle de cris d'enfants, c'est là toute la progéniture du tragédien.

– Je vous dérange ?

– Non point, non point, Monsieur l'abbé ! Venez par ici, dites-moi que tout se passe au mieux avec La Fontaine !

Racine ouvre une porte qui donne sur le salon.

– Monsieur, votre remarque vient fort à propos, c'est justement l'objet de ma visite.

Découvrant qu'il pénètre l'intimité familiale de Racine et quelque peu impressionné par l'envergure du dramaturge,

1. Aujourd'hui, rue Visconti.

Pouget hésite. Il doute de la pertinence de son entreprise. Est-ce bien adroit ? Ici, on est loin de la vindicte de la princesse.

– Eh bien…

À la gêne manifeste de l'abbé, Racine l'encourage.

– Parlez, l'abbé, parlez !

Pouget se jette à l'eau.

– C'est à propos du mariage de Monsieur de La Fontaine. Sachant vos relations proches, je souhaiterais connaître votre opinion, si vous aviez le désir de me la faire partager.

Le vicaire scrute la mine de son interlocuteur, pourtant avenante : il croit nécessaire de se prémunir.

– Si toutefois, vous ne voulez pas répondre, je ne m'en formaliserai point…

– Un désastre !

– Je vous demande pardon ?

La réponse est lapidaire.

– Un désastre, me dites-vous ?

– Assurément. L'échec de son mariage n'était un secret pour personne. Il passait le plus clair de son temps à Paris tandis que son épouse dépérissait à Château-Thierry.

– Votre qualificatif est fort.

– Il l'est.

Accoudé à son fauteuil, Racine croise les jambes. Le poing sous le menton, il prend le temps de la réflexion, puis plonge son regard dans celui de l'abbé.

– C'est si vrai que je vais vous conter une aventure que nous avons eue Boileau et moi à propos de La Fontaine. Tous deux lui avions déclaré que leur séparation était indécente et ne lui faisait point honneur. Nous avions tant insisté que nous sommes parvenus à le convaincre de rencontrer son épouse afin de s'expliquer. Une fois arrivé à Château-Thierry, il apprit que sa femme s'était rendue à la messe. Il patienta un moment puis, lassé d'attendre, il rendit visite à l'un de ses compères de la ville, lequel l'invita à souper. Trop bien régalé, le bougre s'oublia à table jusqu'à une heure si avancée que son aimable amphitryon lui offrit l'hospitalité.

Racine s'esclaffe.

– Le lendemain, sans plus songer à sa femme, il reprit le coche pour Paris ! Boileau et moi-même, nous empressâmes auprès de lui. Il ne trouva rien à redire, sauf qu'il n'avait pas réussi à retrouver son épouse. Pensez-vous que nous l'ayons cru ?

– Est-ce de la lâcheté ?

– Ou de la distraction… Un peu des deux. Il est vrai que la démarche était fort déplaisante. Pour qui ne le serait-elle pas ?

Le dramaturge hoche la tête.

– Je connais si bien notre bonhomme, il ne s'encombre de rien. Peu importe que son geste soit lâche, ridicule ou absurde ; chez lui, plus qu'une règle de vie, c'est tout un art que celui d'éviter ce qui l'importune.

– Pourtant, Monsieur de La Fontaine dit que le nœud de l'hymen doit être respecté !

– Au risque de vous choquer, Monsieur l'abbé, il croit à l'inévitable dans un mariage.

– L'inévitable ?

– Ce qu'il surnomme le « cocuage ». À cet effet, il a d'étonnantes convictions.

– Ah…

– Il en fait l'apologie : « *Dites-moi, qu'est-ce que cocuage ? Quel tort vous fait-il, quel dommage ?* » Et savez-vous quelle est sa réponse ? « *Quand on l'ignore, ce n'est rien. Quand on le sait, c'est peu de chose. Quand on prend comme il faut cet accident fatal, cocuage n'est point un mal.* »

– Oh !

– Monsieur l'abbé, permettez-moi un conseil : lisez les œuvres de La Fontaine. C'est la clé pour le connaître. Peu de poètes sont aussi présents dans leurs textes que le bonhomme ! Pourtant d'une nature réservée, ce n'est que confidences sur lui-même, même s'il versifie sur des lapins, des allégories, des carpes, des hérons et autres animaux de basse-cour !

– J'en prends bonne note.

– Au risque une fois encore de vous choquer, Monsieur l'abbé, je trouve que la réponse de mon ami sur le cocuage est remplie d'ingénuité.

– Sans doute… Mais qu'est devenue Mademoiselle de La Fontaine ?

– Vingt-cinq années durant, elle a essayé plus ou moins de récupérer son mari volage. En vain. Lui s'est éloigné de plus en plus souvent et de plus en plus longtemps ; mais avec délicatesse, sans aigreur et sans bruit. Quand elle le poussait à bout, il prenait le parti de s'en retourner à Paris où il passait des mois sans la revoir. À force d'usure et de lassitude, le couple a fini par se séparer.

8

Un beau matin
Trouvant Catin
Toute seulette,
Pris son tétin
De blanc satin,
Par amourette...
... Mes mains fourraient,
Usant des droits
Qu'Amour nous donne...
... Ami lecteur qui ceci vois,
Ton serviteur qui Jean se nomme
Dira le reste une autre fois...
Janot et Catin (Conte)

Au couvent des Feuillants, rue Saint-Honoré

En entreprenant la confession du poète sur son mariage, Pouget a tiré un fil d'Ariane peu propice au pardon. Au lendemain de ses entretiens avec la princesse d'Harcourt et Racine, il remonte la rue Saint-Honoré et affronte les morsures du froid qu'il veut ignorer.

Ramener ce bouc égaré de La Fontaine dans le chemin de Dieu va être une tâche ardue ! L'abbé, pétri de son sacerdoce, imprégné de son devoir comme de sa foi, s'accroche à son bâton de berger. Il est son soutien et son glaive contre l'œuvre du Malin.

*
* *

– Le sacrement du mariage est inaliénable. Vous l'avez rompu, je le déplore ! Avez-vous conscience de votre faute ?

La question est aussi refroidissante que la température de ce jour. Elle n'a pour toute réponse qu'une respiration sifflante. Affaibli à cause de ses rhumatismes, La Fontaine goûte un potage aussi bienfaiteur que la chaleur de l'âtre. Si les questions de l'abbé sont ennuyeuses – il sait qu'il ne peut guère en être autrement –, l'Église lui apporte un réconfort matériel comme cette soupe et ce stère de bois entreposé dans l'entrée par le bedeau.

– Vous ne m'avez pas tout dit à propos de votre mariage !

– Vous ne me l'avez point demandé.

– Je vous rappelle que la confession suppose que vous ayez accompli votre examen de conscience. Ainsi, vous devez me dire tous vos péchés, sans exception ! Pour commencer, avez-vous des remords à l'égard de votre épouse ?

– Point trop.

– Pourquoi ?

– Si je dois vous raconter mes autres péchés, vous le comprendrez...

– Une autre femme serait entrée dans votre vie ?

La cuillère en suspens laisse échapper quelques gouttes qui s'en vont retomber dans l'assiette.

– Une autre femme... Vous êtes loin du compte ! Pour ce qui me concerne, ce genre est au pluriel. Dieu m'a sans doute pourvu d'un cœur peu content de lui-même. *Fécond en nouvelles amours, il aime à s'engager ; mais non pas pour toujours...*

La phrase se noie dans une quinte de toux. Le temps que La Fontaine se reprenne, l'abbé croise les mains et ferme les yeux.

– Ne distinguez point votre cœur de votre esprit ! Auriez-vous l'obligeance de vous confesser à la première personne du singulier ?

La Fontaine se soumet.

– Ma vie entière s'est dispersée en équipées galantes. J'ai connu beaucoup de femmes, trop assurément. Mais pas une seule auprès de qui je me sois senti véritablement attaché.

– Vous les méprisez à ce point ?

– Il est vrai que certaines de mes poésies les racontent rusées, vénales ou débauchées... Mais elles sont toujours belles et malignes ! Elles mènent leurs vieux ou jeunes amants où bon leur semble...

La Fontaine esquisse un sourire.

– *Dès que j'ai un grain d'amour pour une femme, je ne manque pas d'y mêler tout ce qu'il y a d'encens dans mon magasin : cela fait le meilleur effet du monde ; je dis des sottises en vers et en prose... enfin, je loue de toutes mes forces.*

– Je ne vous en demande pas la recette !

Le poète lève la main en signe d'excuse.

– Je m'égare. Disons que les femmes, qui m'ont troublé ou fait rêver, sont souvent celles pour qui riment douceurs ou gaillardises.

Sans façon, l'abbé étire le paravent et se pose sur l'inconfortable tabouret.

– À entendre de tels propos, j'écoute votre confession, sur-le-champ !

La Fontaine obtempère.

– J'avoue que les grisettes des villes et les bergères des champs ont ceci de commun : elles m'enchantent. Tout à la fraîcheur de leur jeunesse, ces beautés se laissent facilement courtiser et se livrent au plaisir sans remords.

Pouget l'entend aspirer ses cuillerées de soupe avec le même « plaisir sans remords ».

– J'avoue avoir goûté la jouissance non feinte de ces amours bocagères. *Une jeune ingénue en ce lieu se vint rendre... Sa parure est sans art ; elle a l'air de bergère, une beauté naïve, une taille légère*. Au milieu d'un troupeau, on fait quelques pas, on se murmure des riens, on se tient la main. Comme les moutons paissent sagement, on profite du moment pour « s'égarer » dans un sous-bois.

– Savez-vous que la fornication est un péché grave ?

– Mais ce ne sont là ni étreintes brusques ou violentes. C'est toujours fait avec grâce, douceur et volupté ; de longues heures de ravissements langoureux et sans hâte.

– Peu m'importe ! Le fait est là.

– Pourtant, ces jeunes filles, ignorantes, souriantes, joliettes et humbles ont le consentement sans péché...

– Ce n'est pas une bonne raison.

– Ah ! Alors, il faut vous avouer que j'ai agi de la même sorte avec les grisettes. Celles-là aussi m'animent sans retenue : *sous les cotillons des grisettes peut loger autant de beautés que sous les jupes des coquettes. Une grisette est un trésor. On en vient aisément à bout ; on lui dit ce qu'on veut, bien souvent rien du tout...*

L'aisance et le naturel, avec lesquels La Fontaine avoue ses fautes, stupéfient Pouget.

– Mais pourquoi autant de débauche ?

– Débauche ? Comme vous y allez ! J'avoue seulement que les unes comme les autres ont satisfait ma nature voluptueuse.

– L'âge avançant, puis-je entendre que les effets du temps ont estompé vos ardeurs ?

– Nullement ! Le barbon que je suis devenu a remplacé le plaisir de ces jeunes filles par celui des jeannetons tarifées de la rue Saint-Honoré.

Le paravent est brutalement replié. Pouget, rouge d'une colère difficilement retenue, balbutie :

– Je vous le redis, haut et fort, Monsieur de La Fontaine. Commettre le péché de fornication et de luxure, sans repentance, est grave, très grave !

*
* *

Ce jour-là, les rares passants de la rue Saint-Honoré, à cause du froid, ont la surprise de découvrir une soutane bien agitée. Courant et soufflant, l'abbé se dirige vers l'église Saint-Roch.

Prier, prier, prier ! Le vicaire a grandement besoin du secours de Dieu. Comment sauver cette âme qui dit jouir de tout, sans s'attacher à rien ?

Pouget n'est pas au bout de ses peines.

1658-1663
Le temps de Nicolas Fouquet, surintendant du roi

9

Hélas ! on voit que de tout temps
Les petits ont pâti des sottises de grands.
Les Deux Taureaux et une Grenouille (Fable)

Au couvent des Feuillants, rue Saint-Honoré

Tandis qu'il se faufile d'un corridor défraîchi à l'autre et s'accroche à l'improbable rambarde qui conduit au logis du poète, l'abbé a une conviction. Si confesser La Fontaine n'est point une mince affaire, il ne la mènera qu'à la condition de faire preuve de sang-froid. La colère est mauvaise conseillère. Des années de séminaire lui ont enseigné que, quelles que soient les révélations, il doit rester impassible s'il veut définir la juste contrition et accorder son repentir. C'est comme tout, la mise en pratique est rude.

*
*   *

Chaque matin, le poète savoure le potage amené par l'abbé. Au fond, cette confession n'est pas si ennuyeuse. La soupe a pour effet d'atténuer la fièvre et les rhumatismes. La Fontaine n'en est pas sûr, mais il s'en persuade. C'est bon pour le moral, voilà qui remplace avantageusement toutes les mixtures imbuvables et autres saignées imposées par les médicastres.

– Lors de vos premières années passées à Paris, qu'avez-vous fait ?

– Rien.

Ne pas parler de son passage à l'Oratoire comme l'avait suggéré Racine. À quoi bon ?

– Jusqu'au jour où j'ai fait une rencontre d'importance, celle de Nicolas Fouquet. C'était avec François de Maucroix.

– Maucroix ?

– Nous sommes « deux parfaits amis ».

– Pouvez-vous m'en dire plus ?

Le regard malicieux de La Fontaine l'observe par en dessous.

– L'abbé, est-ce là me confesser ?

– Peut-être, peut-être pas…

Pouget s'assoit sur le tabouret.

– Si tel est le cas, j'étirerai le paravent.

– Bien.

La Fontaine pose son assiette vide et rehausse ses épaules. Ses mains amaigries bordent la couverture qui recouvre ses jambes.

– Maucroix appartient à la même maison que la vôtre. Il est chanoine à la cathédrale de Reims. Auparavant, il exerçait la profession d'avocat, mal lui en prit ! Car *tandis qu'il était avocat, il n'a pas fait gain d'un ducat ; mais vive le canonicat ! Alléluia ! Il lui rapporte force écus qu'il veut offrir au dieu Bacchus. Ou bien en faire des cocus !* Un sonnet de ma composition…

La Fontaine sourit, Pouget grince des dents ; ses doigts se contractent sur le paravent. Le poète temporise :

– Sachez que Maucroix est un libertin, tout comme moi. Nous avons les mêmes goûts, les mêmes aptitudes et le même caractère. Mon ami a écrit quelques pièces et connaît aussi bien son latin que moi. Les lectures de Cicéron, Démosthène, Horace, Platon et Quintilien sont ses occupations favorites. Puis, sur le terrain des voluptés, nous sommes larrons en foire ! Les femmes et les plaisirs de la table font nos délices. Le chanoine aime volontiers lutiner les jolies personnes. Il n'y a pas si longtemps, Mademoiselle de La Framboisière – un nom exquis, n'est-ce pas ? – osa lui dire : « Ah ! Monsieur de Maucroix, parler sans cesse d'amour, à votre âge et avec cet habit ! » Pour toute réponse, mon ami lui adressa ce quatrain : « *À ne vous rien dissimuler, Nous sommes d'humeur bien contraire, Vous le faites sans en parler, Et moi j'en parle sans le faire.* » N'est-ce point délicieux ?

Non. Ce n'est point du goût de Pouget. Fort de ses nouvelles résolutions, il préfère abandonner les mœurs libertines de ce chanoine et en revient à Nicolas Fouquet.

– Vous dites avoir fait une rencontre d'importance auprès du surintendant.

– Une triste histoire à laquelle Maucroix et moi avons été mêlés. Fouquet a été notre protecteur jusqu'à ce qu'il fût disgracié par le roi.

– Vous en savez la raison ?

– Les motifs m'ont toujours paru obscurs. On lui a reproché d'être immoral et dissipateur. Cela me dépasse. Fouquet est homme d'esprit, voilà qui me suffit. Je lui resterai éternellement fidèle.

– Vraiment !

– Il payait mes vers, cela suffisait à mon bonheur. Quand la construction de Vaux-le-Vicomte fut achevée, il me pria d'exercer mon « *bel esprit à faire des descriptions en vers des belles choses du domaine* ». Je me suis empressé de décrire ce lieu féerique en vers et en prose : les splendeurs de Vaux, ses embellissements, ses jets d'eaux, ses cascades, ses statues, ses nymphes[1].

– Les détournements des deniers du royaume par Fouquet sont pourtant avérés ! On raconte que le château de Vaux-le-Vicomte a été payé avec cet argent-là.

– À ce que l'on dit... J'ai été au comble du désarroi lors de sa mise aux arrêts. J'ai encore en mémoire le billet que j'ai adressé à Maucroix : « *Fouquet est arrêté, et le roi est violent contre lui, au point qu'il dit avoir entre les mains des pièces qui le feront pendre !* » J'ai alors lancé un appel à la clémence, *Élégie pour le malheureux Oronte.*

La véhémence du vieillard surprend Pouget.

– Faire éclater ainsi vos plaintes à la disgrâce du surintendant, vous couriez un grand risque ! La colère du roi ne vous permettait guère une franchise pareille.

– Eh bien, j'ai récidivé avec un second texte, *Ode au Roi*, qui intercède en faveur de Fouquet.

– Quelle hardiesse !

– Ceux qui ont profité des largesses de Fouquet m'ont inspiré. Ils se sont tenus cois ou pire : ils ont déposé contre lui, voilà les raisons de mes hardiesses. Ce n'est point un hasard si certaines de mes Fables ne sont qu'allusion à la misère des grands.

– La misère des grands... Voilà une opinion bien exagérée !

– Non. Leur fortune et leur pouvoir ne sont qu'incertitude et fragilité.

– Avez-vous obtenu satisfaction ?

– De l'indifférence.

– Au moins la reconnaissance de Fouquet.

1. La Fontaine commence une œuvre qu'il intitule *Songe de Vaux* : une première partie est publiée en 1665, une suite paraît en 1671. C'est en 1729 (trente-quatre ans après sa mort) que l'on regroupe et édite les neuf fragments écrits. L'œuvre est inachevée.

– Pas même! Quand il a pris connaissance de mon placet, son apostille à l'une de mes strophes m'a déçu : « *Vous demandez trop bassement pour moi une chose que l'on doit mépriser : la vie.* »

– Vous vous êtes rendu à l'évidence.

– Non, je suis allé jusqu'à le défendre contre lui-même : *Peut-être n'avez-vous pas considéré que c'est moi qui parle ; moi qui demande une grâce qui nous est plus chère qu'à vous. Il n'y a point de termes si humbles, si pathétiques et si pressants, que je ne m'en doive servir en cette rencontre. Quand je vous introduirai sur la scène, je vous prêterai des paroles convenables à la grandeur de votre âme.* C'était dit avec bon cœur.

– Vous étiez prêt à vous sacrifier pour lui.

– Oui.

– Cela vous a servi ?

– À rien.

– Vous le regrettez ?

– Non.

– Prendre le parti de Fouquet était pure folie.

– Oui. Les gens de la cour ont été plus habiles que moi.

– Comment cela ?

– Ce n'était guère compliqué. Il suffisait de faire l'éloge de la puissance montante : Colbert.

Machinalement, l'abbé frotte le linteau du paravent.

– Vous me contez là un joli trait de votre caractère.

– Vous croyez ?

– Il y a toute absence d'apprêt dans votre façon d'agir.

– Ah ! Vous voyez, je ne suis pas si mauvais bougre. J'ai même remboursé la dette que mon père avait contractée auprès de Maucroix. Pour autant, je n'ai jamais été riche en écus[1].

1. La Fontaine s'acquitte de cette dette pour un montant de 18 000 livres (une somme non négligeable).

– Cela ne vous honore point de fanfaronner ainsi. Savez-vous que c'est aussi pécher ?

La Fontaine soupire.

– En ce cas...

– En ce cas ?

– Il faut que je vous parle de Mademoiselle Colletet.

– Encore une femme !

S'ensuit le grincement des gonds du paravent.

– In nomine Patris, et Filii...

*

* *

Le poète plisse le front et ferme les yeux. Il prend non pas la mine du repenti mais celle de celui qui fouille dans les tiroirs de sa mémoire.

– Mademoiselle Colletet, Claudine Le Nain de son vrai nom, avait ceci de commun avec les grisettes et les bergères : elle était femme légère. Mais à l'inverse des autres, c'était une fieffée rusée. Je l'ai compris à mes dépens. J'avais en grande estime Guillaume Colletet, son époux, poète et académicien, aussi pensionné par Fouquet. Il avait une curieuse habitude, celle d'épouser ses servantes. Claudine Le Nain était la troisième du genre. Le sentiment de la jalousie était toute son ignorance, un trait d'importance quand on épousait de telles coquettes ! La blonde était avenante, bien faite et aguicheuse ; de beaux atouts me direz-vous, mais sotte tout autant ; voilà qui versait sur son minois un air peu farouche qui me charmait. Son mari avait une lubie : il voulait cette nouvelle épouse poétesse, de sorte qu'elle brillât au firmament des salons. Mais la « muse » n'y entendait rien. En secret, Colletet lui fournit sonnets, poèmes et bouts-rimés qu'elle récitait sans en avoir écrit un traître mot. Chacun y trouvait son compte, il lui fit des vers tandis qu'elle lui donnait de l'amour...

La Fontaine soupire.

– Un cercle d'admirateurs se forma, j'en étais. Nous étions confondus par le talent de ses rimes, sans omettre une gorge avantageuse et la façon irrésistible qu'elle avait de retirer le texte de son corsage. Je ne me contenais plus de plaisir. Passionnément amoureux, j'en vins à lui faire un sonnet : *Sève*[1], *qui peint l'objet dont mon cœur suit la loi... j'en conserve les traits qui n'ont rien que de tendre...* Ainsi espérais-je obtenir les faveurs de la belle.

– Fut-ce le cas ?

– Je ne vous le dirai point parce qu'un beau jour, la notoriété de la poétesse prit fin ; Colletet venait de décéder. Les adorateurs que nous étions, peu enclins à pleurer la veuve, sollicitaient la belle de ses vers et de ses sonnets. En vain ! Sauf à entendre des rimes pauvres et rebattues. Elle n'avait aucun talent en écriture. La supercherie découverte, je pris ma plume : *Les oracles ont cessé, Colletet est trépassé... Dès qu'il eut la bouche close, la femme ne dit plus rien ; elle enterra vers et prose avec le pauvre chrétien.* La déconvenue fut telle que mon encre se fit vengeresse : *sans gloser sur le mystère des madrigaux qu'elle a faits, ne lui parlons qu'en la langue de sa mère*[2].

– Vous voilà bien puni !

– Mon âme fut déconfite et mon ressentiment dura fort longtemps. *Vous vous étonnez de ce que tant d'honnêtes gens ont été les dupes de Mademoiselle Colletet et de ce que j'y étais moi-même attrapé. Ce n'est pas un sujet d'étonnement que ce*

1. Peintre de renom à cette époque qui venait d'achever le portrait de Claudine.

2. La Fontaine compare Claudine Le Nain à sa mère, réputée souillon et méchante langue.

dernier point ; au contraire, c'en serait un, si la chose s'était passée autrement à mon égard... Savez-vous, pour peu que j'aime, je ne vois dans les défauts des personnes non plus qu'une taupe qui aurait cent pieds de terre sur elle.

– L'amour vous aveugle ! Avez-vous tiré les leçons d'une telle mésaventure ?

– Un temps, je l'ai cru. Hélas, non ! D'autres suivront... Monsieur l'abbé, cette confession m'a fatigué. J'ai le désir de me reposer et demande à ce que vous reveniez me voir plus tard.

La pâleur soudaine du poète, en dépit d'un sourire de circonstance, inquiète l'abbé.

– Vous semblez épuisé. Voulez-vous le secours d'un médecin ?

– Encore moins ! J'ai le simple désir de m'assoupir.

Pouget consent. Tandis qu'il se lève, La Fontaine attrape la manche de sa soutane.

– Allez rencontrer Maucroix. Il vous apprendra bien des choses sur moi-même, plus que ma mémoire n'en contient.

– Pensez-vous cela nécessaire ?

– Assurément.

10

Les petits en toute affaire
Esquivent fort aisément ;
Les grands ne le peuvent faire.
Le Combat des Rats et des Belettes (Fable)

Toi donc, qui que tu sois, ô père de famille
(Et je ne t'ai jamais envié cet honneur)...
Le Fermier, le Chien et le Renard (Fable)

À la cure de la cathédrale de Reims, chez François de Maucroix

Les coups d'airain des huit heures tonnent au clocher de Saint-Roch. Sur le parvis, l'abbé Pouget ajuste son tricorne et boutonne son manteau noir. Le jour perce difficilement à cause d'un ciel lourd et gris. La neige mouillée tombe par intermittence et détrempe les ruelles transformées en passages boueux, creusés d'ornières et de flaques nauséabondes.

Le vicaire se rend au bureau général des Messageries Royales de la rue de Vendôme afin de prendre le coche pour Reims.

Rencontrer François de Maucroix. Pourquoi se priver de l'invitation ? Quand bien même le chanoine a une réputation de libertin, c'est une façon de compléter les approximations involontaires – l'abbé veut bien le croire – des confessions du poète.

Son pas rapide longe la rive droite de la Seine en direction du port de la Grenouillère. Le regard attiré par les barges qui glissent sur le fleuve, il les devine à cause de la brume. Elles remontent le courant jusqu'aux berges du port au blé en amont de l'Hôtel de Ville. Lourdement chargées en farine, charbon de bois et chaux, les ombres progressent laborieusement. Les rameurs sont à la peine, leurs gestes sont cadencés au rythme des « Han ! » d'encouragement de l'homme de barre. L'effort fourni est louable, ce sont eux qui assurent l'approvisionnement de la ville.

L'abbé ressasse les aveux de La Fontaine, au point de provoquer, chez lui, force insomnies. La prière n'apporte pas toujours le réconfort escompté. « *Je suis chose légère et vole à tout sujet...* » Cette sentence du poète – sans complaisance – le dérange. La phrase tourne et retourne comme la mouche du coche. C'est agaçant, car elle résume tout La Fontaine. La modestie et la franchise avec lesquelles il s'exprime sans penser à mal, son manque absolu d'ambition et son étrange mélancolie s'ajoutent à la personnalité d'un homme fin et intelligent. Un bien curieux personnage.

Tout en scrutant les lourdes silhouettes des barges, l'abbé se renfrogne. Quand bien même la vie du poète est entachée de lourdes fautes, quand bien même aucune de ses offenses ne mérite rachat, son ahurissante sincérité le rend attachant. Ce sentiment est si contraire aux règles et à la morale de l'Église que Pouget est saisi d'effroi. Il a beau la chasser, l'impression revient comme un caillou dans la chaussure.

*

* *

Harnachés aux limonières du coche, six vigoureux chevaux piaffent. Les palefreniers règlent les allures et vérifient la tenue des sangles. Jarrets bandés et hauts sur pattes, les genets[1] martèlent de leurs sabots le granit des pavés.

Le fouet du postillon claque, l'attelage s'élance. Les passagers et l'abbé sont vigoureusement bringuebalés. Cinq heures durant – le temps du voyage –, ils auront à supporter les innombrables secousses provoquées par les nids-de-poule, à subir le vacarme des essieux et le gémissement des roues.

La voiture avale les toises qui séparent Paris des faubourgs, avant de rejoindre une campagne austère par ces temps d'hiver. Pouget frissonne à cause des portières mal fermées et des mauvais rideaux de cuir censés protéger du froid.

Afin d'échapper à ces contrariétés, il extrait de son maroquin les lettres que lui a confiées La Fontaine. Il prend quelques phrases au hasard.

« *Qu'on me parle après cela des maris qui se sont sacrifiés pour leurs femmes : je prétends les surpasser tous !* » Sachant sa relation à son épouse, voilà qui ne manque pas de sel.

« *Ce serait une belle chose que de voyager, s'il ne fallait point lever si matin...* » L'abbé se prend à sourire, une préoccupation pour le poète que de n'avoir eu son comptant de sommeil ! Plus loin, il lit : « *J'emploie cependant les heures qui me sont les plus précieuses à vous faire des relations, moi qui suis enfant du sommeil et de la paresse...* »

Le dernier mot pique Pouget. En son for intérieur, il ne sait trop si La Fontaine emploie le ton de la plaisanterie ou celui de la sincérité. Le trait méritera d'être creusé. La paresse est un grave défaut, elle est mère de tous les péchés.

*

* *

1. Chevaux réputés pour leur résistance et utilisés pour les tâches harassantes.

L'abbé traverse lentement la nef de la cathédrale de Reims. Le lieu l'impressionne, non pas tant par la hauteur des voûtes ou la résonance de ses pas, mais par sa dimension sacramentelle. Quand le vaisseau s'ébroue – une à deux fois par siècle –, l'événement est d'envergure : un roi capétien prend le sacre.

Le vicaire tapote l'épaule du sacristain.

– Je souhaiterais parler au chanoine Maucroix.

Découvrant la tenue de l'ecclésiastique, celui-ci fait signe de le suivre.

Tandis qu'il s'apprête à frapper l'anneau de bronze contre le chambranle, la porte s'ouvre brusquement et découvre un personnage tout en rondeur.

– Monsieur de Maucroix, l'abbé ici présent...

– Je n'ai point de temps ! Une affaire impérieuse m'attend.

Pouget s'interpose.

– J'arrive de Paris.

– À la bonne heure ! En quoi cela me concerne-t-il, Monsieur l'abbé ? C'est que je suis aussi pressé.

– Monsieur de La Fontaine m'a demandé de vous rencontrer.

À ce nom, François de Maucroix se fige.

– Vous le connaissez ?

– D'autant mieux que je le confesse.

Ébahie, la bouille rondouillarde dévisage le jeune abbé.

– Vous confessez La Fontaine !

– Oui.

Le chanoine semble aussi stupéfait qu'incrédule.

– Comment est-ce possible ?

– C'est ainsi.

– La Fontaine qui se confesse... Ventrebleu ! Que lui est-il arrivé pour en être à une telle extrémité ?

– Accordez-moi un peu de votre temps et vous le saurez.

Pris au dépourvu, Maucroix maugrée. Il regarde tour à tour l'abbé et le sacristain, puis se décide.

– Entrez, mais je n'ai pas beaucoup de temps !

Le chanoine se méprend, non seulement le temps de l'après-midi mais celui de la soirée et du souper seront consacrés à l'abbé.

*

* *

Maucroix fait asseoir Pouget au coin d'une table, dans le hall de la cure. Son regard mi-contrit, mi-interrogatif pousse le jeune abbé à en venir au fait.

– Votre ami, Monsieur de La Fontaine, est souffrant.

– Est-ce grave ?

– Disons que sa santé est préoccupante.

– Comment pouvez-vous l'assurer ?

– Je le rencontre quotidiennement.

– Que disent les médecins ?

– Les diagnostics sont contradictoires.

Maucroix opine du chef.

– Ma question est stupide. Quel crédit accorder à ces gens !

La voix s'enroue. Troublé, le chanoine fait rouler le bout de ses doigts sur la table. Un long silence s'ensuit.

– Confesser La Fontaine... mais qui a pris cette décision ?

– Bien que Monsieur Racine ait favorisé l'entreprise, la décision relève de Monsieur de La Fontaine lui-même.

– Connaissant le bougre, cela doit être sérieux ! Il est donc vraiment malade. C'est ennuyeux. Il est vrai que nous ne sommes plus très jeunes...

Maucroix aligne un chapelet d'évidences. Il jette des regards furtifs et inquiets, comme s'il attendait une réponse réconfortante de l'abbé.

Sous le coup de l'émotion, il prend sur lui et se redresse.

– Savez-vous que je pense souvent à la mort… Mais sans doute est-ce le fait de mon âge ?

Pouget le voit mettre la main à la poche et retirer une feuille de papier chiffonnée qu'il déplie sur la table. Il la repasse du poing dans l'idée vaine de la défroisser. L'abbé devine un texte raturé en bien des endroits.

– Monsieur l'abbé, je vais vous faire une confidence. Quand je songe à la mort, je me demande souvent quand ? Comment ? Où ? Je sais que ce sont là des questions de mécréants. Pour le croyant que je suis, il suffit de remettre mon destin entre les mains de Dieu. Mais peut-être que la peur l'emporte sur ma foi ? Alors, je pense souvent à la mort des autres, de mes proches, de mes amis. Je me demande qui d'entre nous va partir le premier. Égoïstement, je n'ai pas envie d'être le dernier de ma génération. Aussi, pour conjurer ces préoccupations d'homme de « peu de foi », j'écris les épitaphes des amis ou des personnes que j'aime. Oh, je n'en connais plus trop ! Beaucoup ne sont déjà plus de ce monde…

Pouget ne répond pas. Un silence pesant s'installe jusqu'à ce que Maucroix reprenne la parole.

– J'ai là une épitaphe, commencée il y a quelques jours, il s'agit de celle de mon ami La Fontaine ; sans doute la prémonition de votre visite…

– Cela vous ennuie-t-il de me la lire ?

– J'allais vous le proposer.

Le chanoine s'éclaircit la voix.

– *Tous les deux sommes amis depuis toujours. Et je remercie Dieu d'avoir conduit l'amitié extrême que je lui porte jusqu'à une si grande vieillesse, sans aucune interruption, sans aucun refroidissement, pouvant dire que je l'ai toujours tendrement aimé, et autant le dernier jour que le premier. C'est l'âme la plus sincère et la plus candide que j'aie jamais connue : jamais de déguisement, je ne sais s'il a menti en sa vie ; c'est au reste un très bel esprit, capable de tout ce qu'il voulait entreprendre. Ses Fables, au sentiment des plus habiles, ne mourront jamais et lui feront honneur dans la postérité.* Voilà... Ce n'est pas parfait, mais c'est l'idée que j'ai de notre relation, de son caractère et de son talent.

– Un bien joli texte ! Un message d'amour.

– Au fil du temps, notre amitié n'a eu de cesse de grandir au point de nous amener à publier un recueil commun de nos œuvres, *Ouvrages de prose et de poésie des Sieurs de Maucroix et de La Fontaine.* Dans l'avertissement, La Fontaine précise que si rien ne justifie le regroupement de textes aussi différents, il s'explique simplement par « *une ancienne amitié qui en est la cause* ». N'est-ce pas joliment dit ? Ainsi va notre relation. « *Qu'un ami véritable est une douce chose ! Il cherche vos besoins au fond de votre cœur ; il vous épargne la pudeur de les lui découvrir vous-même.* »

– Votre ami vous inspire.

– Je suis incapable d'écrire de la sorte ! Cette sentence est un emprunt à La Fontaine.

Soudain, Maucroix se frappe le front.

– Mais je manque à mes devoirs ! Puis-je vous proposer de vous restaurer ?

– Je vous remercie, juste un peu d'eau me suffira. Vous sembliez pressé ce tantôt. J'ai contrarié vos obligations.

– Dans la vie, il est des moments plus importants que d'autres. Notre entretien est de ceux-là.

En l'observant s'enquérir d'une carafe et d'un verre, l'abbé convient que le chanoine est rempli des usages de la bienséance.

– Dites-moi l'abbé, vous êtes venu m'annoncer une triste nouvelle. Mais, sauf à me rendre à son chevet, en quoi puis-je vous être utile ?

S'il est d'un abord avenant et charmant, Maucroix donne le sentiment d'une apparente modestie qui n'est pas franchement une niaiserie de sacristie.

– Monsieur de La Fontaine m'a pressé de vous rencontrer afin que vous m'en disiez plus sur son compte.

La mine soucieuse de Maucroix se fait subitement facétieuse.

– Aurait-il quelques difficultés à confesser ses fautes ?

– Non point ! C'est tout le contraire. J'avoue que sa franchise est désarmante. Je viens plutôt à son idée : combler sa mémoire défaillante.

– Je ne vais pas me substituer à lui et vous dire ses péchés...

– Oh là, non ! Mais la confession ne suffit pas à connaître une personne. Monsieur Racine m'a fait une judicieuse recommandation, lire les œuvres du poète. Je crois aussi qu'en rencontrant son meilleur ami, j'en apprendrai beaucoup.

Le chanoine approuve.

– De quoi voulez-vous que l'on s'entretienne ?

– Si vous me parliez de votre protecteur, Nicolas Fouquet.

– Tout cela est fort lointain. Le surintendant est mort en prison, il y a aujourd'hui près de quinze années.

– Oui, mais ce personnage a beaucoup compté pour La Fontaine. Sa disgrâce l'a bouleversé.

– Ce n'est rien de le dire ! Sa fidélité au surintendant dépasse l'entendement, d'autant qu'il n'était guère généreux à son égard.

– Pourtant, il le pensionnait.

– Le mot est fort ! L'un s'acquittait en vers, ce que l'autre payait à tempérament ; il ne valait guère plus que le traitement d'un domestique occasionnel !

– La pension que vous versait Fouquet était du même acabit ?

– Non, ma situation financière était plus enviable, mais l'on m'avait confié une mission improbable au Vatican. L'affaire fut un désastre.

– Vraiment ?

– Aussi vrai que mes talents de diplomate, c'est-à-dire nuls… La cour voulait envoyer une personne d'esprit, pleine de loyauté et de surcroît ensoutanée. Jusque-là, rien à redire ; mais on rêvait d'un homme sans mission officielle qui, par son entregent, allait s'insinuer parmi les cardinaux. Une affabulation pour qui me connaît ! Rien que la traversée des Alpes et la température de ces montagnes furent une rude épreuve.

Benoîtement, un sourire découpe la face rondouillarde du chanoine.

– J'ai la santé délicate, moi qui réchauffe volontiers mes menottes sur une terrine d'eau chaude lors des frimas champenois… J'avoue ne pas connaître de plus haute altitude que les tours de la cathédrale !

– Quel est le rapport avec La Fontaine ?

– J'y viens. Tandis qu'il composait *Songe de Vaux* dans les jardins de Vaux-le-Vicomte et que je me débattais dans les neiges éternelles, Fouquet fut arrêté. L'un et l'autre étions à mille lieues d'imaginer un tel coup de foudre. Mon côté débonnaire et la naïveté de La Fontaine ont pris une sévère leçon.

– En l'espèce, une leçon de morale ?

Le chanoine hésite.

– Il est vrai qu'il n'est jamais bon de fréquenter de trop près un grand argentier de l'État dont la probité n'est pas la vertu cardinale. Fouquet trompait le roi avec de faux bilans. Ses comptes étaient une macédoine effrayante, avec pour unique objectif de détourner les fonds publics afin d'accroître son immense fortune et financer la construction de Vaux-le-Vicomte. Mais la leçon de morale vaut d'abord pour Fouquet : entretenu par l'aveuglement propre aux gens qui se croient invulnérables, on n'imagine pas croiser plus fort sur son chemin ; Louis XIV et Colbert l'étaient.

– La Fontaine n'a retiré aucune morale de cette affaire ?

– À mon grand étonnement, non. Surtout venant d'un fabuliste ! Il n'a retenu que le talent érudit de Fouquet en occultant la crapule. Il est vrai que La Fontaine n'entend rien aux affaires d'argent.

– Prendre ainsi le parti de Fouquet n'était pas le meilleur des chemins à emprunter si l'on voulait conquérir les faveurs de Louis XIV.

– Certes non ! Madame de Sévigné ou Molière – qui étaient aussi proches de Fouquet que La Fontaine – ont habilement manœuvré. Il aurait pu s'inspirer de leur conduite.

– Le voulait-il ?

– Un peu, mais pas franchement. Face à un obstacle, La Fontaine est comme un cheval de trait : il refuse. Pourtant, nombreux sont les grands du royaume qui l'appréciaient et qui avaient aussi les faveurs du roi.

– Il n'en a retiré aucun avantage ?

– Aucun.

– Au fond, en était-il capable ?

– Ah oui ! « *Ne soyez à la cour, si vous voulez y plaire, ni fade adulateur, ni parleur trop sincère. Et tâchez quelquefois de répondre en Normand.* » Voilà sa façon de penser. Le bonhomme sait nager dans les eaux troubles de Versailles. Il n'est pas sot. Quand il le faut, son âme est courtisane. Il peut être habile discoureur, délicat flatteur et sait balancer son encensoir avec talent et grâce. Mais ce genre de comédie le fatigue vite. Il n'a point de persévérance, parce qu'il est sans illusion sur lui-même. La Fontaine est ainsi.

*

* *

Dans la demi-pénombre qui envahit la pièce, l'abbé se penche sur le chanoine.

– Monsieur de La Fontaine n'entend rien aux affaires d'argent, me dites-vous ?

Maucroix ne répond pas et jette un œil par la fenêtre. En ces journées hivernales, les nuits tombent vite. Les pieds de la chaise du chanoine grincent sur les tomettes. Il se lève, prend le chandelier qui trône sur la cheminée et demande au bedeau d'apporter des bougies.

– Ce soir, vous êtes mon invité, le souper et le coucher ! Vous rentrerez demain à Paris par le coche de sept heures.

Pouget se confond en remerciements, trop heureux d'une initiative qui va lui donner tout le loisir de satisfaire sa curiosité.

– Un lourd sujet que l'argent et La Fontaine ! Lors de son mariage, sa situation financière et celle de son épouse étaient convenables[1]. Il prit la succession de son père, la charge des Eaux et Forêts de Château-Thierry, mais il tint fort mal cette occupation car il prenait toujours celles qui l'absorbaient le moins, délaissant le reste. Bref, il se soumit à cette charge par indolence plus que par goût : « *Compte, vente, arrérage, toutes ces affaires me causent du dégoût* », son avis était sincère ; il en paya le prix fort. Fixé à Paris, il retournait à Château-Thierry pour l'arrangement ou plutôt le dérangement de ses affaires ! Ses dépenses excédant ses revenus, il vendait chaque fois un peu de son patrimoine. Il ne savait le faire valoir autrement. Comme il le dit si bien, « *je mange le fonds avec son revenu* ».

Le chanoine, dans un geste de dépit, se frappe les mains.

1. Au moment de leur mariage (novembre 1647), le patrimoine de La Fontaine s'élevait à 10 000 livres auxquelles s'ajoutaient 12 000 livres (en immeubles), et elle apportait 30 000 livres de dot, un montant pour le moins confortable.

– Aux premières années de son mariage, le jeu l'accaparait. Quoiqu'il fût muet sur ses pertes, je ne manquais pas de le réprimander. C'était si inquiétant que je lui reprochais plus de négliger sa femme pour les tripots où il perdait l'argent du ménage que de la tromper avec des filles d'auberge. Certes, c'était peu reluisant mais ces filles-là, au moins, étaient peu onéreuses !

L'abbé fait la sourde oreille à pareille conclusion et revient au mariage de La Fontaine

– Voilà une raison supplémentaire qui explique l'échec du couple.

– On mariait un étourdi à une incompétente. Ni l'un ni l'autre ne songeaient à l'avenir au point de me confier l'éducation de leur fils.

– Un fils ! La Fontaine a un fils... Mais il ne m'en a jamais rien dit !

– Et pour cause, il ne le connaît pas.

– Quoi !

– J'ai fait sa première éducation jusqu'à ce qu'il atteigne l'âge de quatorze ans. Puis, je l'ai mis entre les mains de Monsieur de Harlay, président du Parlement, qui s'est chargé de lui donner un état.

L'index appuyé sur la tempe, Maucroix fait appel à ses souvenirs.

– Un jour, tandis qu'un certain Monsieur Dupin, docteur en Sorbonne, le reconduisait au pas de sa porte, La Fontaine voit un jeune homme monter l'escalier. Sans porter une attention, il salue et demande à Dupin qui est ce garçon. L'autre, étonné, lui dit qu'il s'agit de son propre fils. Que croyez-vous que répondit La Fontaine ? « Peut-être. » Et qu'il pensait l'avoir déjà vu quelque part...

– C'est indigne !

– C'est ainsi. Pour La Fontaine, les enfants sont une engeance. Il ne les aime pas. « *Un fripon d'enfant, cet âge est sans pitié* »... « *Certain enfant qui sentait son collège doublement sot et doublement fripon* »... « *Ah ! le petit babouin ! Voyez, dit-il, où l'a mis sa sottise ! Et puis, prenez de tels fripons le soin. Que les parents sont malheureux, qu'il faille toujours veiller à semblable canaille !* » Lisez ses Fables !

*

* *

Deux couverts ont été soigneusement préparés sur la desserte de la cure. Par-dessus la tablée, emplie de cochonnailles et d'une poularde fumante, Maucroix s'apprête à remplir le gobelet de l'abbé qui refuse.

– Pas de vin ?

– De l'eau me suffit.

– Dommage !

Maucroix se sert, repose le flacon et lève son verre.

– À la santé de mon ami !

Il boit le calice d'un trait. Maucroix se laisse souvent aller à ses envies, sans toutefois les assujettir. L'air gourmand, il découpe la volaille et sert l'abbé. Un blanc lui suffit, il décide de se sustenter de peu, préférant se cantonner au motif de sa visite.

– De quand date votre amitié avec Monsieur de La Fontaine ?

– Depuis toujours, mais notre goût des classiques[1] l'a rendue inaliénable. Il faut dire que l'environnement était

1. Ce fut l'une des grandes affaires littéraires du XVIIe siècle qui mettra en ébullition l'Académie française. Les classiques formaient un courant littéraire qui soutenait une conception de la création littéraire comme imitation des auteurs de l'Antiquité grecque et romaine (par opposition aux modernes).

propice au contact de gens comme Furetière, Tallemant des Réaux, Conrart, Patru, Chapelain, Pellisson, Benserade...

L'écoute de ces noms prestigieux et la simplicité avec laquelle Maucroix les énumère, impressionnent Pouget. Il ne pipe mot.

– Tous étions férus de lettres. On se faisait appeler Les Paladins ou encore l'académie de la Table Ronde. François de Malherbe était notre maître à penser.

– Que faisiez-vous?

– Chacun soumettait ses écrits au jugement des autres. J'occupais souvent la tribune et m'amusais aux dépens de La Fontaine dont je taquinais les impolitesses : *Que la belle fièvre quartaine vous ronge, sieur La Fontaine qui, si vite, quittez ce lieu sans avoir daigné dire adieu... Monsieur, c'est vivre en Allemand et très mal entendre son monde que de quitter la Table Ronde sans dire aux nobles chevaliers : Adieu braves aventuriers!*

– Il s'ennuyait?

– Parfois. Mais entendez plutôt la fin de mon sonnet : *Il ne l'a point fait par malice. Belle paresse est tout son vice.*

Pouget tressaille en songeant aux lettres qu'il lisait dans le coche.

– « *Belle paresse est tout son vice* »... Est-ce donc vrai?

– Plus que vous ne l'imaginez! Si, en la matière, je ne vaux guère mieux, je dois reconnaître que j'ai trouvé là un maître. Il disait n'avoir aucune disposition en rien, sauf une disposition insurmontable à ne rien faire.

– Vous le croyez?

– Difficile de ne pas s'en apercevoir. Un jour, la duchesse de Bouillon, qui se rendait à Versailles, croise La Fontaine assis sous un arbre. S'en revenant le soir même, elle le découvre au même endroit et dans la même position... Elle se persuada qu'il aimait travailler ses Fables de la sorte. C'est faux.

– Que faisait-il ?

– Rien… Et si vous insistiez, il vous répondait : « *Ne point errer est chose au-dessus de mes forces…* »

Le vin aidant, Maucroix pouffe.

– Vous voulez un autre exemple ?

– Volontiers.

– Lors des séances à l'Académie française, il déclarait : « *Nous sommes, tout autant, qui dormons comme d'autres aux ouvrages d'autrui, quelquefois même aux nôtres. Que cela soit dit entre nous…* » Je vous laisse imaginer ses après-midi propices à l'endormissement. Un de ses confrères, qui l'observait, disait : « *Le grec Charpentier y préside. Le tendre Quinault y réside. La Fontaine n'y peut parler, il dort…* » Furetière est sans détour, il l'accuse de dormir sans cesse et de ne s'intéresser à aucun débat. Savez-vous que lors de la rédaction du dictionnaire de l'Académie, on lui confia la lettre « F » ? À ce jour, on ne sait toujours rien des résultats de son travail. Aucune trace.

– De la négligence.

– Peut-être. Mais quand on sait son talent, il est dommage qu'il ne l'ait poussé dans d'autres genres que celui des Fables.

– Que voulez-vous dire ?

– Il est regrettable que La Fontaine n'ait, à ce jour, achevé *Songe de Vaux*. Trois années durant, il a versifié sur son palais aux mille perfections. Au fil du temps, il s'est émoussé. Et un beau jour, plus rien. Il est vrai que sa prose est parfois soporifique pour celui qui en entreprend la lecture…

Le chanoine remplit son verre et prend un air taquin.

– Peut-être s'est-il aussi endormi en l'écrivant ?

– Vous le croyez ?

– Un peu… À la vérité, il m'avait dit que si la chose plaisait, il avait le dessein de continuer, sinon, il n'y perdrait pas son temps.

– Comment le comprenez-vous ?

– Le manque de persévérance, la paresse, l'esquive et l'emprisonnement de Fouquet ; un peu de tout ça à la fois.

Le vin échauffe le chanoine.

– Il est tout à l'inverse de Molière ou Racine, pourtant deux compagnons qu'il côtoyait. Ceux-là, des bourreaux de travail ! écrasés par la besogne et les obligations de toutes sortes. Molière a écrit jusqu'à trois pièces par an et Racine enchaînait les tragédies année après année. Chaque fois, l'un comme l'autre enchantaient Versailles, Paris et les provinces du royaume. Ils commettaient chef-d'œuvre après chef-d'œuvre !

– La Fontaine aussi a commis des chefs-d'œuvre !

– Bien sûr. Mais il ne fonctionne ni dans le même registre, ni à la même vitesse que ces deux-là. Contrairement à celle de La Fontaine, leur bourse s'est largement remplie. Molière et Racine ont emporté pensions et gratifications ; l'un a obtenu le patronage du roi et est devenu valet de chambre de Sa Majesté ; l'autre a été gentilhomme ordinaire de Sa Majesté et historiographe du roi.

– Certes ! Mais faire partie de l'entourage du monarque oblige à obéir à ses ordres, à déjouer les intrigues, à plaire aux uns sans déplaire aux autres. Le moindre faux pas peut vous ridiculiser ou vous coûter une place.

– C'est vrai, La Fontaine ne mange pas de ce pain-là.

Pouget, sobre, observe Maucroix vider le flacon. Assurément, le chanoine est du genre à se laisser vite gagner par la franche gaieté des bons vivants.

– À vous entendre, Monsieur de La Fontaine abandonnait l'écriture de ses œuvres en cours de route.

– Cela lui est souvent arrivé pour le théâtre. *Achille*, par exemple, mais la pièce ne valait rien. J'en ai gardé le manuscrit, il est tellement surchargé de ratures que l'on en perd le fil ! Une fois pourtant, il fit preuve d'opiniâtreté. En compagnie de Pascal Colasse, il a écrit *L'Astrée*, un opéra tragique. La Fontaine a non seulement conçu l'œuvre jusqu'à son achèvement, mais il voulut assister à toutes les répétitions.

– Un bien bel effort.

– Sauf que *L'Astrée* est un opéra dont le maniérisme n'échappe pas au pire. Cette œuvre est affligeante. Ce ne sont que bergères, princes, druides et fées qui chantent en se dandinant dans un décor surfait.

– N'est-ce point présomptueux de juger ainsi son travail ?

– Je n'ai aucun scrupule à le dire ! Lors de la première présentation de *L'Astrée*, La Fontaine se tenait dans une loge, derrière deux femmes. Il trouvait sa pièce détestable et le clamait. Interloquée, l'une des femmes s'est retournée en disant que cela n'était pas mauvais parce que la pièce était écrite par Monsieur de La Fontaine, homme d'un grand esprit, précisa-t-elle. Ce à quoi il répondit que la pièce ne valait pas le diable. Prenant son chapeau pour sortir, il ajouta : « *Mesdames, c'est lui-même qui vous parle !* »

– La Fontaine est sans illusion sur lui-même.

– Je ne vous le fais pas dire.

Le chanoine ouvre un second flacon.

– Un de ses amis lui demande pourquoi il s'en va. Il répond que le premier acte l'a prodigieusement ennuyé et qu'il n'a pas voulu en entendre davantage. La Fontaine est ainsi, devant l'adversité, il pratique l'art de l'esquive…

*

* *

Devant la chambre de l'abbé, une main tenant le chandelier et l'autre appuyée à la poignée de la porte, Maucroix, ivre, se penche pour une dernière confidence.

– Somme toute, Monsieur l'abbé, chez La Fontaine, il existe un défaut de carrure et de décision. Ce sont là deux traits essentiels de son caractère qui ont été pour beaucoup dans la lenteur de ses débuts comme dans le décousu de son existence. Bonne nuit !

11

J'aime le jeu, l'amour, les livres, la musique,
La ville et la campagne, enfin tout ; il n'est rien
Qui ne me soit souverain bien...
Les Amours de Psyché et de Cupidon (Récits poétiques)

Au couvent des Feuillants, rue Saint-Honoré

L'abbé Pouget marche à l'entour du fauteuil de La Fontaine.

– Seriez-vous paresseux ?

– C'est mon péché mignon.

– Pardon ?

– Continuez !

– Voilà ce que votre ami Maucroix m'a dit...

D'un geste ferme de la main, La Fontaine l'interrompt.

– Les propos du chanoine ne m'importent aucunement. Quoi qu'il dise, il parle vrai sur mon compte et je ne m'attends à aucune pitié de sa part. Je lui donne raison en toutes choses...

– Savez-vous que la paresse est mère de tous les péchés ?

– Eh bien, s'il en est ainsi, je reconnais haut et fort être sous la coupe de cette « mère ». Lisez !

La Fontaine désigne à l'abbé un feuillet posé à sa table.

– Lisez à haute voix.

L'abbé se racle la gorge.

– « *Jean s'en alla comme il était venu,*
Mangea le fonds avec le revenu,
Tint les trésors chose peu nécessaire… »

Pouget s'étonne. Le poète s'agace.

– Continuez !

– « *Quant à son temps, bien sut le dispenser :*
Deux parts en fit, dont il voulait passer,
L'une à dormir, et l'autre à ne rien faire. »

L'abbé le regarde, stupéfait. La feuille lui glisse des doigts. Elle vole légère, dans une sorte de va-et-vient, jusqu'à se poser silencieuse devant l'âtre de la cheminée.

– C'est mon épitaphe. Il n'y aura point de calomnie. Et les commères se le tiendront pour dit !

1664-1672
Le temps de la veuve de Gaston d'Orléans, frère de Louis XIII

12

Quand du milieu d'un cloître Amarante est sortie ;
Que de grâces, bons dieux ! tout rit dans Luxembourg...
À Mademoiselle de Poussay (Sonnet)

Les rues de Paris, le palais du Luxembourg

– Ce matin, je suis venu m'enquérir de ta santé.

Tandis que Jean Racine pénètre le logis de La Fontaine, sa sollicitude trouve sa récompense. Il découvre le poète à sa table de travail, affairé à ranger l'invraisemblable désordre des documents, livres et amoncellements de feuillets qui l'encombrent.

– Tu n'es point encore mort !

L'œil malicieux de La Fontaine surprend Racine. Ce dernier lui trouve meilleure prestance, la riposte ne se fait point attendre.

– *La Mort ne surprend point le sage*

Il est toujours prêt à partir...

Racine enchaîne :

– « *S'étant su lui-même avertir*

Du temps où l'on doit se résoudre à ce passage »... Serais-tu devenu sage ?

La Fontaine, nez à la table, continue à fourrager entre deux piles de livres. Il ne répond pas.

– Je te trouve bonne mine, à la bonne heure !

C'est un fait, le poète se sent mieux.

– Je ne vois point ton confesseur.

– Il vient cette après-midi.

– Comment vont les choses avec l'abbé ?

– À merveille. Sauf qu'avant de me confesser, il me demande chaque fois de faire mon examen de conscience par lequel je recherche tous mes péchés.

– Eh bien ?

– C'est une vraie complication.

– Allons donc !

– J'en oublie de trop, sans doute que ma mémoire défaille... Alors je l'ai envoyé à la rencontre de Maucroix. Il peut avantageusement compléter mes lacunes.

Racine éclate de rire. Décidément, La Fontaine ne s'encombre de rien, pas même de ses péchés.

– Le « *berger en soutane*[1] » ! Ce trousseur de jupons ! La mémoire de tes péchés...

– Hé, pourquoi pas ! Toi ou Boileau pouvez tout autant remplir cet office.

– Il est vrai que l'abbé est venu me voir afin de s'enquérir à propos de ton mariage.

La Fontaine l'interrompt.

– Voilà qui me convient. Je n'ai pas besoin de savoir ce que tu lui as dit, je te fais confiance.

– Si cela peut t'encourager à une pratique fervente du christianisme...

Comme le poète ne pipe mot, Racine passe du coq à l'âne.

– À te voir ainsi en forme... Que dirais-tu d'une promenade ? Le ciel est clair, il fait beau et la température de ce jour me semble plus clémente.

1. C'est ainsi que Boileau surnommait François de Maucroix.

– À pied ?

– Non, en chaise à porteurs.

– Est-ce bien sérieux ?

– Oui, bien emmitouflé, prendre l'air te ferait le plus grand bien.

La Fontaine maugrée jusqu'à ce qu'une envie soudaine lui traverse l'esprit.

– Et si nous allions au palais du Luxembourg ?

– Pourquoi pas !

*
* *

Deux vinaigrettes, toutes ornées de figures allégoriques en camaïeu brun, trottinent côte à côte. De la sorte, les deux poètes peuvent converser. Tandis qu'ils remontent lentement les quais à cause des encombrements, La Fontaine se laisse aller au plaisir d'observer les petits métiers de la capitale, de ceux qui grouillent et s'égosillent. Ce sont les savetiers, les ramoneurs, les vendeurs de vieux chapeaux tandis que les marchandes de pommes les font briller pour gagner quelques sous de plus. Devant leurs échoppes mobiles, des écrivains publics rédigent des lettres d'injonction, de dénonciation ou d'amour, il suffit d'y mettre le prix. Le timbre rauque d'un vinaigrier recouvre le capharnaüm. L'homme interpelle les commères aux fenêtres de leur logis. Sa voix va crescendo. Avec une lenteur calculée, il pousse sa brouette-tonnelet et contourne les vinaigrettes qui – mais il ne le saura jamais – transportent deux des plus beaux esprits de la littérature française.

Tous les bruits et les sons de ces ruelles se confondent, se travestissent, montent et redescendent. Au tintement d'une clochette, à l'accent bien particulier, La Fontaine tressaille. Un enfant de chœur précède un dais porté par un bedeau.

Un prêtre, le ciboire retenu entre ses mains, ferme la marche. Les gens s'agenouillent devant le viatique que l'on apporte à un mourant. La Fontaine se signe discrètement. Non, ils ne viennent pas pour lui !

Racine se penche par l'ouverture de sa voiturette.

– Te voilà bien songeur.

Le poète sourit.

– J'écoute une symphonie.

– La clochette ?

– Ah, non ! L'autre, celle-là est plus baroque ; celle des camelots et des gagne-deniers. Certains diront que c'est une cacophonie. Pourtant à mon oreille, elle sonne juste. C'est celle de la vie à la recherche de son pain quotidien.

La Fontaine soupire.

– Dieu que j'aime cette simplicité ! Ces gens sont finalement comme moi. Ils prennent la vie comme elle vient. Si la journée leur a souri, ils sont insouciants du lendemain ; dans le cas contraire, ils sont grognons mais guère plus. Ils savent se contenter de peu[1].

– Comme toi !

– Assurément.

La température s'est singulièrement adoucie. La glace qui déborde des gargouilles est en train de fondre. Hauts de cinquante pieds, des filets d'eau arrosent le dos des malheureux portefaix qui tirent les vinaigrettes. Les rues se transforment en un amoncellement de boue. Les rigoles s'enflent vite et débordent au point de former par endroits des rivières. Les chevaux ou les bœufs, crottés jusqu'au poitrail, patinent sur

1. À cette époque, Paris comptait environ 500 000 habitants. Une bonne moitié de la population était en situation précaire : vivant de petits métiers, allant et venant, sans adresse, ne sachant trop de quoi elle se nourrirait le jour même et où elle coucherait la nuit suivante.

la glaise ou les rares passages pavés. Les charrettes surchargées des maraîchers ou les voitures à tonneaux – celles qui livrent l'eau à domicile – obstruent le passage.

Au Pont-Neuf, lieu de commerce de l'arrondissement des Halles, la gadoue n'a pas son pareil.

– Mon Dieu ! « *Que de merde peuvent répandre ces culs qui ne connaissent pas les caleçons...* »

– Que dis-tu là ! bondit Racine.

– Cette prose n'est pas de mon jus, elle est de l'impayable Scarron.

Soudain, devant eux, une lourde limonière, qui transporte des pièces de charpente, se met en travers. Elle racle tellement fort le sol que ses roues finissent par s'embourber. Le charretier fouette à tour de bras, crie, jure et survient l'inéluctable : l'attelage chute. Les gens accourent de toute part. On s'attroupe, on s'interroge, on se presse les uns contre les autres. Gouailleur et bon enfant, un badaud y va de sa blague gros sel qui fait rire son monde.

Les hennissements des chevaux sont un déchirement. Les pattes des bêtes s'entortillent dans les traits.

– Les Parisiens sont volontiers musards.

Si La Fontaine est tolérant, Racine s'agace.

– Ils s'assemblent plus prestement au-devant d'un mulet muni de tambours et de cymbales qu'au discours d'un bon prêcheur !

À ces mots, le dramaturge passe une main par la fenêtre de sa vinaigrette, attrape le bras du fabuliste et commence à réciter :

– « *Pour venir au Chartier embourbé dans ces lieux,*
Le voilà qui déteste et jure de son mieux,
Pestant en sa fureur extrême
Tantôt contre les trous, puis contre ses chevaux,
Contre son char, contre lui-même.

Il invoque à la fin le dieu dont les travaux
Sont si célèbres dans le monde :
"Hercule, lui dit-il, aide-moi ; si ton dos
A porté la machine ronde,
Ton bras peut me tirer d'ici."
Sa prière étant faite, il entend dans la nue
Une voix qui lui parle ainsi ;
« Hercule veut qu'on se remue
Puis il aide les gens. Regarde d'où provient
L'achoppement qui te retient.
Ôte d'autour de chaque roue
Ce malheureux mortier, cette maudite boue
Qui jusqu'à l'essieu les enduit.
Prends ton pic et me romps ce caillou qui te nuit.
Comble-moi cette ornière. As-tu fait ? – Oui, dit l'homme
– Or bien je vais t'aider, dit la voix : prends ton fouet
– Je l'ai pris. Qu'est ceci ? Mon char marche à souhait.
Hercule en soit loué." Lors la voix : "Tu vois comme
Tes chevaux aisément se sont tirés de là."
Aide-toi, le Ciel t'aidera. »

Devant eux, un attroupement d'hommes s'échine à empêcher la charrette de basculer tandis qu'un autre s'affaire à démêler les brides. Une grappe humaine redresse petit à petit l'équipage.

Étonné d'entendre Racine réciter le *Chartier embourbé*, La Fontaine n'en est pas moins éberlué de s'apercevoir que sa fable agit comme l'effet d'une prière. Les poésies ne sont donc pas inutiles. Et peu importe si ce n'est qu'une coïncidence !

Le fabuliste serre fortement la main de Racine dans un silence qui en dit long.

*

* *

Parvenu au jardin du Luxembourg, La Fontaine a du mal à marcher.

– C'est à force de rester cloué sur mon fauteuil.

Le poète s'appuie au bras de Racine.

– Ma nouvelle canne !

La « nouvelle canne » l'installe sur un banc, face aux rayons du soleil. Quoique peu calorifiques, ils réchauffent le visage flétri du vieillard qui savoure. Racine l'interpelle.

– Pourquoi cette envie soudaine de venir ici ?

– J'aime cet endroit où j'ai longtemps vécu. Après l'arrestation de Fouquet, je n'avais plus aucun revenu. Le palais du Luxembourg a pourvu à mon besoin pressant d'argent.

– Tu étais au service de la duchesse d'Orléans.

– J'officiais comme gentilhomme servant auprès de la douairière.

– Gentilhomme servant ?

– Je présentais les plats…

Racine pouffe.

– Guère mieux qu'un aubergiste !

– Pas tout à fait. Muni de mon brevet de gentilhomme, j'avais le droit de servir l'épée au côté.

– J'espère que le niveau de tes gages compensait l'humiliation !

– Deux cents livres par mois.

– Ridicule ! quand on sait que le moindre joueur de luth touche six cents livres.

– J'en conviens. Mais cet emploi présentait un grand avantage : la charge de travail était légère.

– Mais alors que faisais-tu ?

– Je passais mon temps à arpenter les allées des jardins du parc, magnifiques surtout aux heures du printemps et de l'automne.

– À rêvasser ou à paresser ?

– À musarder ! Puis j'aime vivre dans le luxe des princes.

– Sauf que la duchesse n'était pas réputée pour sa grande finesse d'esprit. Des Réaux dit que c'était une « pauvre idiote ».

La Fontaine sourit.

– Il n'a pas tort. Lorsqu'on la remaria avec son époux Gaston [1], après son retour d'exil, elle fondit en larmes, persuadée d'avoir été en péché mortel jusqu'à ce jour.

– L'atmosphère qui régentait le palais était détestable.

– Cela est vrai, à cause d'une sinistre haine entre la douairière et sa belle-fille. Elles n'avaient d'autres choix que celui de partager la moitié du palais que l'une voulait reprendre à l'autre et vice versa.

– Quel affreux climat ! Combien d'années as-tu passées ici ?

– Huit.

– C'est trop !

– Je m'y suis parfois ennuyé.

– Tu n'y manquais pas !

– Heureusement, il y avait Mademoiselle du Poussay…

– Ah, toi et les femmes !

– J'avoue m'en être amouraché. Elle est un de ces jolis souvenirs qui font mes délices. Et puis quoi ! Elle avait seize ans, une nymphe fraîchement sortie de l'éducation d'un couvent et dont la beauté radieuse affolait tout le Luxembourg.

– « *Amour, amour quand tu nous tiens, on peut bien dire : adieu prudence !* »

– Je ne peux renier mes écrits. Cependant, il est toujours beau de mourir des coups d'une merveille dont un regard ferait la fortune d'un roi. Mais pour une fois, au risque de te rassurer, cette Mademoiselle de Poussay était d'un niveau qui dépassait mes capacités.

– Tiens donc !

1. Gaston d'Orléans, le frère de Louis XIII.

– Sa beauté avait fait une entrée remarquée à la cour de Versailles. Sa mère, fort avertie des libertinages de Louis XIV, n'aspirait qu'à une chose : que sa fille croisât le roi dans le but avoué de pimenter ses nuits…

– Veux-tu dire que la conquête de cette jeune fille était au-dessus de tes forces ?

– Quand déclarer ma flamme demande un effort, ma nonchalance n'y trouve jamais son compte.

– Tu n'auras eu de cesse de louer et de flatter de belles aristocrates, mais c'était toujours avec leurs servantes que tu couchais !

– C'est ainsi.

Racine fait la moue et préfère changer de sujet.

– C'est à cette époque que Boileau avait créé la Société.

– Molière, toi et moi ; nous quatre réunis, quel équipage !

– Il nous réunissait souvent dans la chambre qu'il avait louée rue du Vieux-Colombier.

– Ce n'était pas l'endroit que j'affectionnais le plus.

– Songerais-tu à nos autres points de ralliement ?

– Assurément ! La Pomme-de-Pin, le Mouton-Blanc, la Croix-Blanche, la Croix-de-Lorraine, le Petit-Maure…

– Contrairement à tes péchés, je trouve que tu as là une mémoire excellente. Pas une auberge ou un cabaret où nous avions nos entrées et dont le nom t'échappe…

– La compagnie devenait plus joyeuse.

– Eh bien, si tu en as la vigueur, je t'invite à dîner.

– En voilà une bonne idée. Où ?

– Chez le père Crenet.

– À la Pomme-de-Pin ! Vertudiable ! Retournons à nos vinaigrettes et allons-y de ce pas… lance un La Fontaine tout ragaillardi.

13

Cet exemple est fort bon à suivre;
J'en sais un meilleur : c'est de vivre.
Car est-ce vivre, à votre avis,
Que de fuir toutes compagnies,
Plaisants repas, menus devis,
Bon vin, chansonnettes jolies,
En un mot, n'avoir goût à rien?
Dites que non, vous direz bien.
Épître à Monsieur de Vendôme (Poésies diverses)

Au cabaret de la Pomme-de-Pin, chez le père Crenet

Les deux vinaigrettes, sagement alignées rue de la Juiverie[1] dans l'île de la Cité, à la hauteur du cabaret de la Pomme-de-Pin, vont patienter un long moment. Leurs passagers tiennent là le sésame d'un temple dont ils sont les dépositaires. La Pomme-de-Pin compte parmi ces rares endroits qui savent célébrer tout autant les plaisirs de la table que ceux de la littérature et du bon mot. La Fontaine et Racine, qui franchissent la porte, en sont quelque part les dieux.

Le cabaret a une histoire, Rabelais l'a célébrée, Mathurin Régnier[2] l'a immortalisée :

« *Son nez haut relevé sembloit faire la nique*
À l'Olive Nason, au Scipion Nasique,

1. Aujourd'hui rue de la Cité. Le cabaret se trouvait en face de l'église Sainte-Madeleine qui n'existe plus.

2. Poète satirique français (1573-1613).

Où maints rubis balez, tout rougissants de vin,
Montroient un hac itur à la Pomme-de-Pin,
Et, preschant la vendange, asseuraient en leur trongne
Qu'un jeune médecin vit moins qu'un vieux yvrongne. »

À l'aune du Grand Siècle et sous les auspices du père Crenet, l'endroit est devenu à la mode. Les grands esprits comme les gens de qualité s'y pressent. Et quelle société ! On y croise Jean-Baptiste Lully et Michel Lambert, son beau-père, qui se livre à des pantomimes réjouissantes, Patru et sa bonne humeur, l'énigmatique Furetière dont la mine sournoise se moque de tout, le sculpteur Girardon en compagnie du peintre Mignard et son grand ami Molière – discret en dépit de sa notoriété –, La Fontaine traînant sa nonchalance et ses rêveries, Racine – c'est là qu'il aurait écrit *Les Plaideurs* –, enfin Chapelle – le génial ivrogne – et l'incisif Boileau.

Si la cuisine est correcte, le service n'est pas des plus sophistiqués. On évite de rincer les verres qui ont servi à étancher les soifs de si belles langues ; l'affaire est commode, elle entretient le mythe.

*

* *

– Mais qui voilà ! J'en frotte mes prunelles. Messieurs Racine et La Fontaine, en chair et en os ! Des revenants. Faites place, que l'on se pousse ! Entrez donc messires. Si j'ai une table pour vous ? Quelle question ! la mieux placée, comme à l'habitude…

Lourd comme un muid, le teint vermeil et le visage replet, le père Crenet utilise à bon escient son parler gros. Il en fait de trop. Mais avec deux clients pareils, on ne rate pas sa publicité aux oreilles des beaux dîneurs attablés. C'est de bonne guerre.

L'endroit, jusque-là bruyant, baisse d'un ton. Les murmures vont bon train. L'effet est réussi.

Empressé et l'air faussement empêtré, il installe ses prestigieux convives à l'entour d'une table située devant l'âtre. Plusieurs gigues de chevreuil tournent à la broche. Le jus tombe sur les braises.

– Déplace la lèchefrite, farfadet !

L'aubergiste vilipende son fouille-au-pot. Celui-là craint le pire, chaque négligence se paye d'un coup de pied au cul mais aujourd'hui, il est chanceux : la présence des deux poètes est une aubaine pour son séant.

– Ah, messieurs ! Quel plaisir de vous revoir ! Il y a si longtemps...

Le père Crenet frétille.

– Quand vous veniez vous réunir ici, Monsieur Boileau arrivait de la Sainte-Chapelle, Monsieur Molière de la rue Saint-Thomas-du-Louvre ; vous Monsieur Racine, vous habitiez à cette époque, près de l'hôtel de Luynes, rue de la Butte[1], et vous Monsieur de La Fontaine, vous arriviez du Luxembourg.

Le fabuliste s'engonce dans un fauteuil, et le manteau resté aux épaules, entonne son introduction des *Amours de Psyché et Cupidon :*

– *Quatre amis dont la connaissance avait commencé par le Parnasse, lièrent une espèce de société que j'appellerais académie, si leur nombre eût été plus grand et qu'ils eussent autant regardé les muses que le plaisir...*

– Voilà qui est bien dit !

– *La première chose qu'ils firent, ce fut de bannir entre eux les conversations réglées et tout ce qui sent la conférence acadé-*

1. Aujourd'hui rue Saint-Guillaume.

mique. Quand ils se trouvaient ensemble et qu'ils avaient bien parlé de leurs divertissements, si le hasard les faisait tomber sur quelques points de sciences ou de belles-lettres, ils profitaient de l'occasion : c'était toutefois sans s'arrêter longtemps à une même matière, voltigeant de propos en autres comme des abeilles qui rencontreraient sur leur chemin diverses sortes de fleurs.

– C'est encore mieux !

À ces mots, le père Crenet se tourne vers l'entrée de sa cave.

– Que l'on apporte du vin d'Anjou ! C'est celui que préfère Monsieur Racine.

– Tu as une bonne mémoire !

Le dramaturge apprécie, le cabaretier soupire.

– Ah ! si vous saviez tout ce que j'ai en mémoire sur chacun de vous… ça ne s'oublie jamais ! à commencer par le regretté Monsieur Molière qui n'est plus de ce monde.

– Trinquons en son honneur !

– En voilà une bonne idée.

Aussitôt l'aubergiste débouche un des flacons qu'une servante lui tend et remplit trois verres. La Fontaine, la main un peu tremblante, lève son verre.

– À cet homme *à mon goût* !

Si Racine et le père Crenet savourent le nectar, le vieux poète se contente d'y tremper les lèvres. L'émotion, un coup de fatigue et une soudaine lassitude font que La Fontaine n'a ni le goût, ni l'envie de parler. Il se tourne vers l'aubergiste.

– L'ami, si tu nous racontais ce que contient ta mémoire à notre propos ?

L'autre ne se le fait pas répéter deux fois.

– Le temps de donner quelques directives en cuisine et je reviens à vous.

Racine s'inquiète de La Fontaine.

– Tu as les traits tirés.

– La tête me frappe un peu, mais du moment que je ne tombe pas privé d'esprit!

– Si tu le désires, je te ramène chez toi.

– Non, c'est juste un peu de faiblesse. Le mal de tête va passer. Et puis, voilà qui me distrait d'entendre notre cabaretier jacasser sur nous autres.

– Soit.

– N'est-ce pas amusant de l'entendre rapporter nos discours?

– Nos discours, comme tu y vas!

– Justement, comme c'est ici où l'on disait le plus de coyonneries...

Racine éclate de rire.

– Il est sûr que, sans cela, nos conversations auraient péri d'un mortel ennui!

*

* *

Le fessier coincé entre les deux marches d'un escabeau posé devant l'âtre, le père Crenet se penche par-dessus ses deux hôtes.

Il se sent pousser des ailes, le sentiment d'occuper une scène de théâtre dont il est le comédien et l'épicentre. Il perçoit juste, les dîneurs attablés murmurent à peine. Ils sont tout ouïe, avec le secret espoir d'entendre un ou deux caviars, de quoi assurer quelques commérages qui s'en iront traverser Paris et Versailles.

Le cabaretier sollicite La Fontaine.

– Vos amis n'étaient pas toujours gentils à votre égard. Rarement – et je le voyais –, vous suiviez leurs conversations. Un jour que vous étiez pris dans vos pensées, mais sans doute que vos poésies devaient vous soucier plus qu'à l'accoutumée,

Monsieur Boileau – toujours porté à la raillerie, celui-là! – en compagnie de ce célèbre joueur de flûte, dont je ne me souviens plus du nom…

– Descoteaux.

– Monsieur Descoteaux, voilà! Eh bien, l'un et l'autre vous agaçaient par quelques traits assez piquants. Moi, j'étais surtout admiratif de votre détachement.

La Fontaine est surpris.

– Je n'en ai aucun souvenir.

– Ah, moi si! Parce que ces deux-là avaient poussé si loin leur raillerie que Monsieur Molière s'est piqué à son tour, au point de leur tenir ce langage : « *Nos beaux esprits ont beau se trémousser, ils n'effaceront pas le bonhomme.* » Voilà comment il parlait de vous.

– Le mot bonhomme n'est pas des plus flatteurs, mais je retiens le compliment.

– On te surnommait tous de la sorte et tu n'en tenais rigueur à quiconque. Je suis sûr que Molière le disait avec affection.

Le père Crenet approuve la remarque de Racine.

– C'est que Monsieur Molière était un grand monsieur. À cette époque, il était le plus célèbre d'entre vous tous ; et avec ça, le plus sage, le plus réservé et le plus bienveillant. Si vous le permettez, j'ajouterai que par le cœur et le talent, il était le plus proche de vous Monsieur de La Fontaine. Par contre, vous Monsieur Racine…

– Par contre, moi ?

L'aubergiste marque un temps d'hésitation, puis se lance.

– Vous, vous étiez plus jeune, plus ambitieux, avide de gloire et si fiévreux dans votre désir que vos tragédies soient jouées…

– Il est vrai que j'ai toujours été inquiet du lendemain.

– Au point de te brouiller avec Molière ?

La question de La Fontaine, posée tout en douceur et qui est le point sur lequel le père Crenet voulait se risquer, jette un froid. La salle se mure dans un profond silence. La Fontaine temporise :

– Cela n'a que peu d'importance, c'est de l'histoire ancienne.

– Une histoire de femme…

Croyant aller dans le sens du vieux poète, l'aubergiste est à l'inverse. Il ravive des blessures anciennes mais bien réelles. Un ange passe, La Fontaine l'arrête.

– Contrairement à moi, ton talent n'est pas fait de rêverie mais d'ambition, et c'est tant mieux ! Je me souviens de tes débuts comme d'un personnage aux grandes manières et d'un commerce aisé.

– Ah, Monsieur de La Fontaine, comme vous parlez juste ! Je le comprends sans pouvoir le dire.

Le père Crenet vient surtout de comprendre que l'on ne parle pas à la légère. La brouille entre Molière et Racine avait, en son temps, fait grand bruit ; notamment lorsque Mademoiselle Du Parc, actrice de renom, avait quitté le théâtre du premier pour rejoindre celui du second. Molière, vexé, avait répondu : « *Aucune surprise ! Cela ne m'étonne pas que celle-là ait été débauchée par son amant…* »

Le comédien en herbe prend un air penaud, il se récupère du mieux qu'il peut.

– En cuisine, on farcit une oie grasse, on prépare une omelette au lard et des pigeons farcis à la caille. Pour accompagner ces plats, j'ai quelques vins fameux : artois, anjou, condrieu, hermitage… Je m'en vais accommoder tout cela.

Tandis qu'il retourne à ses casseroles, La Fontaine constate que la maladresse du père Crenet n'a pas froissé Racine, du moins en apparence. Ce dernier remplit son verre.

– Te souviens-tu des quantités de bouteilles que nous buvions ?

– Copieusement et toujours joyeusement !

– Nous avions un solide allié en la personne de Chapelle.

– Quel buveur !

– Au point de se voir gratifier du titre d'« *empereur du biberon* »...

Les deux amis s'esclaffent. Le fantôme de la Du Parc s'éloigne, les conversations de salle reprennent.

– Chapelle était le boute-en-train le plus réjouissant de Paris.

La Fontaine rectifie.

– Plus que cela ! C'était un homme de société, en la matière, il fut supérieur à nous tous. Je le trouvais d'une rare intelligence et d'une belle sûreté de jugement dès lors qu'on le prenait entre deux vins... Avoir été le conseiller privilégié de Molière lui vaut toute ma considération. Je n'étais pas seul à penser de la sorte, François Bernier aussi en disait le plus grand bien : « *Jamais la nature ne fit une imagination plus vive, un esprit plus pénétrant, plus fin, plus délicat, plus enjoué, plus agréable. À l'ombre seule, il reconnaissait le fat et le tournait en ridicule.* » Un discoureur ne tenait guère le dé face à Chapelle.

– Sauf que ses grivoiseries étaient sans limite. Un jour que je lui demandais de se joindre à nous, il me répondit : « *Non, pas aujourd'hui, c'est mon jour de bordel...* »

– Voilà qui avait le mérite de la clarté !

Le poète sourit intérieurement : comme pour Molière, Racine s'était brouillé avec Chapelle.

– Paix à son âme. Puis, j'aime le fatalisme de son épitaphe : « *Ci-gît qu'on aima comme quatre, qui n'eut ni force ni vertu, et qui fut soldat sans se battre, et poète sans être battu.* »

*
* *

L'oie découpée, l'aubergiste sert les assiettes de ses convives. Il remplit le verre de Racine, se sert au passage et évite celui de La Fontaine encore à demi-plein. Son babillage reprend de plus belle.

– En vous découvrant la première fois, j'imaginais vous entendre dire des belles-lettres. J'attendais que vous déclamiez quelques passages de vos œuvres. Rien de tout cela !

Le reproche du père Crenet amuse La Fontaine.

– Et que faisait-on ?

– Vos conversations ne s'attardaient que sur des potins.

– À la bonne heure, racontez-nous cela !

L'aubergiste plisse ses sourcils pelés.

– Eh bien par exemple, quand Monsieur de Bussy-Rabutin médisait sur sa cousine Madame de Sévigné dans son livre… Je ne sais plus le titre…

– *Histoire amoureuse des Gaules* ?

– Peut-être. Alors que le livre était interdit – Dieu sait comment vous vous l'étiez procuré ! –, sa lecture vous amusait fort. Ou quand Madame de La Vallière était encore grosse du roi[1] ; d'aucuns ne le croyaient, que d'allusions égrillardes à son égard ! Ou encore quand Monsieur de La Mesnardière vint à mourir, ce fut un moment de silence que je pris pour du recueillement jusqu'à ce que Monsieur Chapelle déclare : « *Cela fait une place à l'Académie française !* » Vous ne récitiez pas souvent des jolies poésies ou des vers délicats ; ce n'était qu'histoires grasses et plaisanteries gros sel !

1. Louise de La Vallière a eu quatre enfants de Louis XIV.

– On disait des coyonneries.

– Des coyonneries ?

– N'exagérons rien ! Tout allait de pair, nos récits de bonne ou mauvaise fortune s'entremêlaient à nos soucis de composition, de prosodie ou de religion.

– Disons que l'esthétique de nos propos faisait bon ménage avec l'organisation de débauches libertines, de gasconnades ou de récit galants. Les *muses* qui n'avaient aucun scrupule à paraître dans ce cabaret, n'avaient d'autre désir que celui de nous distraire.

Si Racine s'essaie à défendre l'indéfendable, La Fontaine reste égal à lui-même, honnête.

– Cependant, je reconnais que nous nous entendions tous contre les imbéciles et les précieux. Boileau était notre champion.

Tandis que La Fontaine picore des blancs d'oie, Racine mange de bon appétit et s'émeut au nom prononcé.

– Despréaux, tout le bouillonnement de sa verve satirique ! Quel auditeur redoutable ! Ne disait-il pas que « *tout, dans ce royaume, doit tendre au solide et à la grandeur* » ?

– Je n'aime guère la façon dont il définit les règles de la bonne poésie. Pour moi, des routes tracées au cordeau.

– Je sais, tu préfères les sentiers... Que de débats à ce sujet ! Boileau raillait amèrement tes ingénuités. Je reconnais que son caractère brusque était parfois cassant, mais toujours loyal !

– Une loyauté qui s'accommode rarement des nuances de la retenue et de la politesse, jusqu'à contrarier Chapelle.

Racine acquiesce.

– Je me souviens de l'agression de Boileau : « *Tais-toi, tu es ivre !* » Ce à quoi Chapelle lui avait répondu : « *C'est toi qui es ivre de tes vers !* »

Le père Crenet glousse.

– Un jour, Monsieur Despréaux voulait prêcher l'abstinence à Monsieur Chapelle qui – ô miracle! – avait accepté de se corriger. Ils sont entrés ici afin d'en causer tout à leur aise. Les remontrances de Monsieur Despréaux ont duré une après-midi entière.

– Et alors?

– Je ne sais pas comment Monsieur Chapelle a fait son affaire, mais ils ont vidé force bouteilles d'Hermitage. L'un pour encaisser le sermon, l'autre pour trouver moult arguments. Ils sont sortis aussi saouls l'un que l'autre!

L'éclat de rire – la salle comprise – est général.

*

* *

L'omelette au lard est alléchante. La Fontaine refuse l'assiette tendue par le père Crenet. Il n'est pas en appétit. L'aubergiste ne se formalise pas. Il se cale sur l'escabeau et, d'un coup de fourchette assuré, s'apprête à la dévorer.

Le vieux poète se tourne vers Racine.

– Despréaux est à l'écriture de ses *Épîtres*?

– Il travaille à sa rédaction depuis sa maison d'Auteuil.

– Donne-lui mon bonjour.

– Je n'y manquerai pas.

La Fontaine soupire.

– Boileau et moi sommes si différents.

– Le fait qu'il t'ait oublié dans son palmarès de l'*Art poétique*?

– Peu m'importe, je ne suis pas rancunier. En revanche, j'ai toujours goûté son horreur des louanges de commande comme sa malveillance à l'encontre des pédants.

– Tu penses à qui?

– Oh, il y en a tellement eu ! S'il fallait en trouver un, je choisirais Chapelain, une pépite !

– J'avoue que c'était un personnage bizarre.

– Un poète – du moins se considérait-il comme tel –, mais qui faisait une carrière hors de la poésie… Il avait l'art de se faufiler dans la manche de Colbert et du roi.

– En quelque sorte, c'était le ministre de la poésie. Et ses oracles permettaient de distribuer des pensions à ses amis ou à ses clients…

– Voilà qui déplaisait souverainement à Boileau. Il criait à qui voulait l'entendre qu'il était scandaleux de savoir Chapelain régenter le Parnasse en décidant des mérites de chacun. Au nom de quoi ?

– D'autant que c'était un faiseur de mauvais vers, ennuyeux comme la pluie et qui prétendait être capable de juger *Le Cid* de Corneille.

– Un bien triste sire.

Une fois encore, le vieux poète sourit intérieurement. Racine est d'une belle ingratitude ; lui aussi, en son temps, a profité des largesses de Chapelain…

Une servante, au maintien déluré, s'apprête à remplir le verre de La Fontaine qui l'en empêche.

– Quel âge as-tu ?

– Quinze ans.

Le vieux poète prend un air patelin.

– La tradition veut que le coup du milieu soit servi par une blonde, vierge, de quinze ans d'âge. Nous avons la blonde, mais es-tu pucelle ?

La fille rougit jusqu'à la pointe des cheveux, La Fontaine a la malice aux lèvres.

– Fort bien ! Puisque tu ne veux avouer ton pucelage, j'en donnerai moi-même la garantie. Sers-nous à boire ma toute belle.

– Au moins, cette pucelle ne nous donnera pas à bâiller !

La sentence de Racine fait rire La Fontaine. Le père Crenet ne peut pas comprendre l'allusion à la *Pucelle* de Chapelain, ce poème épique interminable – des centaines de pages – dont la Société se moquait de peur d'en mourir d'ennui.

– Boileau était féroce : « *Chapelain est fou de vouloir rimer. Pour chaque ligne de sa* Pucelle, *il choisit deux grands mots et s'imagine que, monté sur ses deux échasses, son vers va s'envoler.* » !

– Et Chapelle de déclarer : « *Chapelain a raison puisque ses écrits lui rapportent trois cents louis du roi.* »

– C'est alors que Boileau a eu cette idée originale. Des textes apportés par les uns, les autres devaient veiller à éliminer toute emphase. Et si l'un de nous se laissait aller à user de quelques tournures grandiloquentes, il était condamné à lire dix vers entiers de *La Pucelle* !

– Et si nos vers comportaient trop de molles élégances, il fallait lire à voix haute une page entière de cette indigeste prose…

*

* *

Tandis que les deux amis quittent la Pomme-de-Pin et rejoignent leurs vinaigrettes, La Fontaine prend le bras de Racine.

– Dois-je raconter nos agapes de ce temps-là au père Pouget ?

Racine hésite, La Fontaine insiste.

– C'est péché ?

Le dramaturge tranche.

– Si c'en est un, il est petit.

– Donc, ce n'est pas grave.

14

> … La mère des Amours et la reine des Grâces,
> C'est Bouillon ; et Vénus lui cède ses emplois…
> *À Madame la duchesse de Bouillon* (Poésies diverses)

Au couvent des Feuillants, rue Saint-Honoré

Cette après-midi-là, La Fontaine dépose sur un coin de table le courrier qu'il vient de recevoir. Installé dans le fauteuil de sa chambre des bustes, il invite l'abbé Pouget à user du tabouret et du paravent.

– Je viens de recevoir une lettre, envoyée depuis Londres. Elle est de l'une de mes vieilles amies, la duchesse de Bouillon, qui s'enquiert de ma santé.

Pouget dresse l'oreille, se rappelant les paroles de la princesse d'Harcourt à propos de cette personne soi-disant peu recommandable.

– Vous connaissez la duchesse de Bouillon ?

– Depuis fort longtemps, de l'époque où j'officiais au palais du Luxembourg. J'allais souvent la rencontrer à Château-Thierry.

– Encore une femme…

– Non, Monsieur l'abbé ! Cette fois, en tout bien tout honneur.

Les commentaires peu charitables de la princesse à l'égard de cette duchesse piquent la curiosité de l'abbé.

– Peut-être pouvez-vous m'en dire un peu plus sur cette personne ?

La Fontaine reprend la lettre qu'il fait tourner entre ses doigts, le regard dans le vague. La fièvre le reprend.

– Marie Anne Mancini [1] avait treize ans quand elle a épousé le neveu de Turenne, le duc de Bouillon. Cette jeune femme d'alors était une brune piquante, versatile, aimant les plaisirs de la conversation, usant de saillies inattendues et pas toujours de bon aloi.

– Il y a toujours à craindre des esprits dont la vivacité est accompagnée de peu de jugement !

– Vous ne croyez pas si bien dire, Monsieur l'abbé. Son mari partageait si bien votre avis qu'il l'envoyait souvent dans son duché de Château-Thierry, loin des tentations parisiennes. Elle m'invitait à lire quelques vers de ma composition, c'est de la sorte que je l'ai connue.

– C'est tout ?

– C'est tout.

– Je ne vois là rien de répréhensible.

– Je n'en suis pas tout à fait certain.

– Que voulez-vous dire ?

La Fontaine fait signe à Pouget d'étirer le paravent.

– In nomine Patris, et Filii…

*
* *

L'abbé tient son oreille collée au paravent.

– Je vous écoute mon fils.

– Cette jeune duchesse était d'une précocité qui m'étonnait et me ravissait. Je la trouvais d'une amoralité sans frein, désinvolte et aguichante.

1. Une des nièces de Mazarin.

– Rien de moins !

– Comme elle avait un goût prononcé pour la poésie et afin d'étancher sa soif de polissonnerie ou amuser ses badineries, je lui lisais quelques-uns de mes Contes. Mes lectures la contentaient tellement qu'à sa demande, j'en ai composé un, spécialement pour elle, intitulé *La Joconde.*

L'abbé se pince les lèvres, il vient de ferrer un gros péché dans ses filets.

– Mais que disait ce Conte ?

– Que le mariage est une chose néfaste à l'amour.

– Une fois de plus, vous désacralisez le mariage !

– D'autant que le Conte explique qu'il existe trois remèdes afin de ranimer le sentiment de l'amour : l'absence, l'infidélité et la jalousie...

– Que me chantez-vous là ?

– Je ne chante rien, sauf à flatter l'amoralité de la jeune duchesse. Depuis, elle s'est prise d'une grande affection et m'a introduit dans sa société où se réunissait tout ce que Paris comptait de personnages illustres et... quelque peu débauchés[1].

– Ne nous égarons pas ! Revenons à ce Conte, en avez-vous écrit d'autres ?

– Oui.

– De la même teneur ?

– Assurément.

– Combien ?

– Je ne sais plus trop, une petite centaine...

– Une centaine !

1. Notamment ses sœurs (la duchesse de Mazarin et Madame de Soissons) et son frère (le duc de Nevers).

Pouget n'en revient pas. S'il a entendu parler d'« ouvrages scandaleux et infiniment pernicieux » que doivent être les Contes, il n'en a jamais lu un seul.

– Sachez que les textes des Contes, parfois un peu gaillards, m'ont valu quelques dérangements…

– De quelle nature ?

– Les Contes ont été interdits par Monsieur de La Reynie[1].

– Rien que ça !

L'abbé en est estourbi. La Fontaine pointe du doigt

– Prenez cet exemplaire, là, sur le rayon de la bibliothèque. Il est pour vous, comme cela vous pourrez le lire.

À la mine de Pouget, La Fontaine s'émeut.

– Je crains fort avoir péché sur ce sujet…

– Je le crains autant que vous !

1. Le lieutenant général de police de Louis XIV, en quelque sorte son ministre de l'Intérieur.

1673-1693

Le temps de Madame de La Sablière

15

Je vous gardais un temple dans mes vers :
Il n'eût fini qu'avecque l'univers...
... Au fond du temple eût été son image,
Avec ses traits, son souris (sourire), ses appas,
Son art de plaire et de n'y penser pas,
Ses agréments à qui tout rend hommage...
Le Corbeau, la Gazelle, la Tortue et le Rat
(Fable dédiée à Madame de La Sablière)

Au couvent des Feuillants, rue Saint-Honoré

La pluie glacée détrempe Paris. Un homme, esseulé, descend la rue Saint-Honoré. Un feutre à large bord enfoncé jusqu'aux yeux et un épais manteau en laine l'aident à affronter l'intempérie, sauf que son visage fermé et grave laisse à penser que le froid l'indiffère. Tel est le cas.

Charles Perrault, académicien comme La Fontaine, vient lui annoncer une mauvaise nouvelle : Madame de La Sablière est décédée cette nuit. Il se charge de cette pénible mission pour deux raisons. C'est un intime de cette dame de renom – elle le considérait comme son « maître en littérature » – et elle fut l'inébranlable protectrice de La Fontaine tant elle était admirative de son talent.

Perrault se souvient de la terrible extrémité où La Fontaine fut réduit à la mort de la duchesse d'Orléans, une vingtaine d'années plus tôt. Le fabuliste perdait son emploi au Luxembourg et, du même coup, son unique ressource financière. Ses écrits l'avaient rendu célèbre, certes, mais point de fortune, pas même un liard.

Sa nonchalance et son manque de persévérance mélangés à une trop forte mélancolie faisaient qu'il glissait sur une vilaine pente, celle des tripots, des lieux mal famés et des filles d'auberge ; de ces vies qui s'achèvent à l'hospice. Perrault et l'entourage de La Fontaine le rencontraient souvent avec ses habits sales, usés et ses bas toujours mal tirés. À plus de cinquante ans, à force de vivre comme un gandin épris de légèreté, le poète touchait à sa propre déchéance. Cet homme que l'élite française de son temps considérait déjà comme une gloire n'était pas sûr de souper le soir. Le poète en était là quand Madame de La Sablière lui avait assuré une situation.

Le peu de soin qu'il eut de ses affaires domestiques l'ayant mis en état d'avoir besoin du secours de ses amis, Madame de La Sablière, dame d'un mérite singulier et de beaucoup d'esprit, le reçut chez elle où il est demeuré près de vingt ans. Charles Perrault voit juste, elle qui l'a logé, nourri, blanchi à l'hôtel de La Sablière, rue Neuve-des-Petits-Champs, avant qu'il n'occupe la rue Saint-Honoré.

*

* *

La Fontaine, étonné de la visite de Perrault, murmure quelques vers.

– *Si* Peau d'Âne *m'était conté,*
J'y prendrais un plaisir extrême
Le monde est vieux dit-on : je le crois ; cependant
Il le faut amuser comme un enfant.

Perrault acquiesce sans rien dire tellement sa gorge est serrée.

– Hélas, mon ami, je ne suis point venu m'entretenir de littérature…

À l'écoute de la triste nouvelle, le poète ne bronche pas. Des larmes glissent, silencieuses, sur ses joues ridées.

– Je savais ma bienfaitrice gravement malade ; et l'on a beau s'y préparer, le jour où on l'apprend…

Un sanglot étouffe sa voix. Perrault est aussi affecté que le vieux poète.

– Quelle femme !

– *Elle avait les cheveux d'un blond cendré, le plus beau qu'on puisse imaginer ; les yeux bleus, doux, fins et brillants quoiqu'ils ne fussent pas grands ; le tour du visage ovale ; le teint vif et uni, la peau d'une blancheur à éblouir ; les plus belles mains et la plus belle gorge du monde. Joignez à cela un certain air touchant de douceur et d'enjouement répandu sur toute sa personne. Je remarquai même de ce qu'elle dit et ce qu'elle fit, ce tour aisé, ce caractère d'esprit sans embarras, cette humeur bonne et honnête et ces manières obligeantes qui sont si fort de vous qu'il serait difficile aux autres de les imiter. Enfin, tout autre que moi, moins rempli de votre idée, en voyant ce que je vis, n'eut pas laissé de dire : c'est Madame de La Sablière*[1].

– Un compliment sincère qui lui ira droit au cœur là où elle est. Ne disait-elle pas que « *La Fontaine ne ment jamais en prose* » ?

Assis l'un en face de l'autre et têtes baissées, ils se taisent. Expression de leur souffrance ou d'une prière, un long silence s'installe entre eux, seulement entrecoupé des éclats des bûches qui brûlent dans la cheminée. Perrault soupire.

– Elle attachait une grande importance à son salon.

La Fontaine acquiesce.

1. Ce texte, non signé, paru dans *Le Mercure de France*, serait de La Fontaine.

– Une société des plus brillantes et des plus aimables.

– L'abbé de Chaulieu, François de Bonrepeaux, Boileau, Barillon d'Amoncourt, Racine, Tallemant des Réaux, Benserade... que de grands esprits! tout comme ces seigneurs libertins en vue à la cour et si férus de belles-lettres, les Brancas, Lauzun, Rochefort, Foix, La Fare...

– Tu oublies Bernier. Celui-là même qui déclarait à toutes les femmes qui fréquentaient le salon que l'« *abstinence de plaisir était un grand péché* »...

Le souvenir de Bernier, déclamant ainsi son libertinage, fait sourire les deux hommes.

– La Fare et Chaulieu n'étaient pas en reste, leur prose improvisée était délicieuse.

La Fontaine se remémore quelques-uns de leurs vers :

– « *Le beau duc de Foix nous réveille.*
Chantons Vénus et Cupidon,
Chantons l'Iris et la bouteille
Du disciple d'Anacréon.
Vénus l'accompagne sans cesse,
Les grâces, les ris et les jeux.
Qu'il est doux d'être la maîtresse
De ce jeune voluptueux!
Verse du vin, jette des roses,
Ne songeons qu'à nous réjouir,
Et laissons là le soin des choses
Que nous cache un long avenir »...

– Voilà qui en disait long sur nos aspirations.

– Je serai à jamais reconnaissant envers ma très chère hôtesse.

– Vraiment.

– Le confort qu'elle m'a procuré est inestimable. Toutes ces années passées sans souci du lendemain font que je me suis abandonné à une molle incurie… Ma paresse s'est doucement occupée de mes vers en leur donnant le charme et l'abandon que ne peuvent avoir des écrits motivés par le besoin.

La lucidité et l'honnêteté des propos de La Fontaine sont parfois si désarmantes qu'ils n'ont de cesse de surprendre leur interlocuteur. Charles Perrault en est.

16

La Cigale, ayant chanté
Tout l'été,
Se trouva fort dépourvue
Quand la bise fut venue.
La Cigale et la Fourmi (Fable)

Au couvent des Feuillants, rue Saint-Honoré

L'abbé Pouget découvre son pénitent mal en point.

– Madame de La Sablière est morte.

S'il ne connaît personnellement cette personne, il est de notoriété publique qu'elle est d'importance pour La Fontaine. Il affecte la mine de circonstance.

– On dit qu'elle était femme de tête, d'une grande intelligence, amoureuse des belles-lettres, des sciences et de la philosophie.

Après le compliment, le coup de griffe.

– Elle n'en était pas moins une libertine…

La Fontaine soupire.

– Ah, l'abbé ! les dogmes de l'Église vous aveuglent. Oui, elle était libertine tout comme moi, je suis un libertin ! Mais savez-vous que la vie de ma généreuse bienfaitrice avait brusquement basculé ?

La véhémence du poète surprend le prêtre qui bat en retraite.

– Eh bien, à vous entendre…

– Madame de La Sablière était mariée. Son mari, Antoine Rambouillet, n'encombrait guère son salon comme il ne s'encombrait guère de ses invités. Il délaissait son épouse au profit de Ninon de Lenclos ; il était son amant qu'il partageait avec Henri de Sévigné, l'époux de la marquise du même nom.

À nouveau, la vilaine toux a repris ses droits. Elle oblige le poète à s'interrompre un instant avant de se reprendre.

– Son mari – qui le fut si peu – mourut il y a quelques années et le marquis de La Fare, l'amant de Madame de La Sablière, se perdit au jeu de la bassette. La fin des rentes de l'un et la ruine de l'autre ont fait qu'elle congédia tous ses domestiques, vendit son hôtel et décida de son repentir. Madame de La Sablière changea de vie en renonçant à tout bien matériel. Elle décida de se consacrer aux plus démunis, à l'hospice des Incurables.

– La noble femme ! En la circonstance, vous pouviez suivre son exemple ?

– J'avoue ne point avoir eu le courage de cet acte de foi. Pour autant, elle ne m'abandonna pas : « *Je ne garde avec moi que mes trois animaux, mon chat, mon chien et mon La Fontaine.* »

– C'est donc grâce à elle que vous êtes logé ici.

L'abbé n'a pour toute réponse que la respiration sifflante de La Fontaine.

– Maintenant que Dieu a rappelé votre bienfaitrice, qu'allez-vous devenir ?

– Que dites-vous là ?

– Je suppose qu'elle subvenait à l'entretien et aux loyers de ce logis.

– Oui.

– Demain, où irez-vous ?

Le regard un peu perdu, La Fontaine hausse les épaules.

– Je n'y ai pas songé. Je ne sais pas.

17

> Dame Mouche s'en va chanter à leurs oreilles,
> Et fait cent sottises pareilles.
> *Le Coche et la Mouche* (Fable)

Rue Coquillière, chez Madame de La Fayette

Assis seul dans le salon de la demeure de Madame de La Fayette, l'abbé Pouget patiente.

À la suite d'un ordre de son supérieur, l'abbé Coignet, le jeune vicaire s'est rendu chez la célèbre romancière, qui l'a « convoqué ». Le verbe n'est point trop fort.

– Madame de La Fayette est alitée et souffrante, elle a besoin du secours d'un ministre du culte. Vous en êtes. Faites ! Il est fort probable que vous rencontriez son amie, la marquise de Sévigné omniprésente à son chevet.

Il ne peut être question de se démettre. Mais sous le coup de l'annonce, Pouget défaille. L'affaire est d'importance : pourquoi deux personnes de si haut parage et de si grande réputation s'intéressent-elles à un jeune prêtre sans renommée ni expérience ? Il est encore plus surprenant que l'abbé Coignet ne se soit pas lui-même « jeté » au secours – aux pieds, devrait-on dire – de telles âmes. Connaissant son curé, Pouget sait qu'il n'aurait jamais laissé le soin, à d'autres que lui, de s'entretenir avec ces personnalités de la cour.

Le jeune vicaire n'est pas dupe. L'inattendue confession de Jean de La Fontaine est comme l'effet d'une traînée de poudre enflammée. Tant à Versailles qu'à Paris, elle attise rumeurs et curiosités.

Aux sorties de chaque messe, depuis que l'on sait que ce jeune confesseur s'active auprès du célèbre fabuliste, les paroissiennes – de plus en plus nombreuses – s'empressent. Aristocrates de haut rang pour la plupart, elles « informent » l'abbé sur la personnalité de Monsieur de La Fontaine dont, souvent, elles savent tout sans l'avoir jamais vu. L'air entendu, elles régalent Pouget de caviars ou de saucissons ; des menteries promptement transformées en certitudes. Si on s'accorde sur le talent de La Fontaine – il sait versifier –, on fustige allègrement sa vie ; calomnies et remontrances vont bon train.

N'est-ce point ce qui l'attend auprès de ces épistolières de renom ?

Dans le silence du salon, l'abbé, mal à l'aise, se tortille. Il ne sait rien de la marquise de Sévigné, sauf que la talentueuse rapporteuse des potins de la cour contribue à la notoriété de La Fontaine. Elle lui fait la meilleure des publicités, clamant à qui veut l'entendre être « enchantée » des écrits du poète et déclare au Tout-Paris l'immense plaisir que cette lecture lui procure.

Pour se donner du courage, l'abbé extirpe de sa poche un livre trouvé chez La Fontaine : *Histoire amoureuse des Gaules*, écrit par Roger de Rabutin, comte de Bussy. Le vieux poète, amusé, lui a vivement conseillé la lecture des pages consacrées à une certaine Madame de Cheneville, en réalité, une description peu amène de la marquise de Sévigné.

« *Elle a les yeux petits et brillants, la bouche plate mais de belle couleur ; le front avancé, le nez carré par le bout, la mâchoire comme le bout du nez ; et en tout cela qui en détail n'est pas beau est, à tout prendre, assez agréable... Elle a la jambe bien faite, la gorge, les bras et les mains mal taillés... Voilà pour le dehors à peu près comme elle est faite.* »

L'abbé a du mal à contenir un sourire peu charitable.

« *Il n'y a point de femme qui ait plus d'esprit qu'elle, et fort peu qui en ait autant... Un sot éveillé l'emportera toujours auprès d'elle sur un honnête homme sérieux... Elle aime l'encens, elle aime d'être aimée et pour cela elle sème afin de recueillir, elle donne de la louange pour en recevoir* »...

Il blêmit.

« *Les mélancoliques flattent sa vanité* »...

Voilà la raison pour laquelle La Fontaine lui plaît tant.

« *Elle s'est faite amie de quatre ou cinq prudes avec lesquelles elle va en tous les lieux du monde.* »

Madame de La Fayette doit être l'une de ces prudes... De celle-ci, Pouget ne sait rien non plus, sauf que sa dame de compagnie lui a fait entendre qu'elle le recevra dans sa chambre.

« *Madame de Cheneville est inégale jusqu'aux prunelles des yeux... Elle a les yeux de différentes couleurs ; et, les yeux étant le miroir de l'âme, ces inégalités sont comme un avis que donne la nature à ceux qui l'approchent de ne pas faire un grand fondement sur son amitié* »...

Des yeux vairons, voilà une chose redoutable !

– Monsieur l'abbé...

Pouget ferme brusquement le livre devant le domestique qui l'interpelle.

– Veuillez avoir l'obligeance de me suivre.

*
* *

Les yeux écarquillés, l'abbé pénètre timidement dans une vaste chambre. Il découvre les atours chargés et flamboyants de la pièce tout comme ceux de ses deux occupantes.

L'une – Madame de La Fayette – se tient assise, engoncée plus que soutenue par une pile d'oreillers à l'abri des baldaquins de son lit. Ses joues sont fortement teintées de rouge, la couleur va jusqu'aux paupières inférieures. Comme toutes les dames de la cour, elle se donne « du feu aux yeux », une façon dérisoire de cacher son air maladif.

L'autre – la marquise de Sévigné que l'abbé reconnaît au portrait de Bussy-Rabutin – se tient assise et roide. Le corset est là pour interdire tout mouvement aisé. Prise par l'embonpoint à cause de l'âge, Madame de Sévigné est en son milieu si serrée qu'elle donne le sentiment d'avoir trempé tout son être dans un baquet d'empois. Par-dessus le fichu en mousseline qui « ennuage » son tour de gorge, l'abbé est frappé par la majesté de son port de tête. Mais juste derrière le masque épais de son fard, dardent ses yeux vairons…

L'idée de se confronter à deux personnes considérables paralyse l'abbé. Il salue et se prosterne du mieux qu'il peut.

Madame de La Fayette se contente d'un petit signe de la main.

– Je suis charmée que vous vous soyez rendu aussi vite à mon chevet. Soyez-en remercié, Monsieur l'abbé. Mais approchez ! Approchez, afin que nous vous voyions de plus près.

Elle s'adresse alors à la marquise :

– Ma chère, vous aviez raison, il est jeune.

Puis se tournant vers Pouget :

– Ah, mon ami ! Voyez-vous l'état dans lequel je suis. Tout accablée de vapeurs ! Voilà qui m'oblige à garder le lit. Je souffre d'un gonflement des entrailles si cruel que je n'ai aucun repos. Mon estomac délicat me rend dans une débilité mortelle. Enfin que voulez-vous ! Je me désapprouve complètement et je péris à vue d'œil. Mais il faut finir quand il plaît à Dieu et j'y suis soumise… Ce n'est point à vous que je vais l'apprendre.

Madame de La Fayette a toutes les apparences d'une personne affectée, mais l'esprit est encore des plus vifs.

– J'ai su que mon ami La Fontaine était dans une situation guère plus enviable. Souffre-t-il comme moi ?

– Sa santé est déficiente. Mais, à vous entendre, compteriez-vous parmi ses proches ?

– Pensez donc ! « *Je vous aime, aimez-moi toujours* », voilà ce qu'il m'a dit un jour.

– Ah ! Mais qu'avez-vous répondu à cela ?

– Contentez-vous de savoir qu'il a toute mon estime.

Le rouge monte d'un coup aux joues de l'abbé. Dieu que sa question est maladroite ! La repartie désobligeante ne s'est point fait attendre. Jusque-là silencieuse, la voix aigrelette mais assurée de la marquise de Sévigné vient à son secours.

– Ma belle, notre jeune abbé ne peut savoir ce que vous m'aviez dit à propos de notre fabuliste : « *Si je vois un homme que je ne connaisse pas et dont je veuille juger, je le mets sur les ouvrages de La Fontaine et je lui demande son avis.* » N'est-ce pas le plus beau des compliments ?

Sans attendre de réponse, les yeux vairons fondent sur l'abbé.

– Qu'a-t-il pu trotter dans la tête de notre fabuliste de vouloir ainsi se confesser ?

Nous y voilà ! Pouget, toujours debout – personne ne l'a invité à s'asseoir –, croise ses mains et cligne des yeux. Il s'en va puiser, dans le tréfonds de son âme, la parade nécessaire afin d'endiguer l'indiscrétion des deux femmes sans pour cela froisser leur susceptibilité.

– Madame la marquise, vous aussi dites le plus grand bien de Monsieur de La Fontaine.

– Tout à fait.

– Avez-vous quelques rancœurs à son égard ?

– Des rancœurs... Comme vous y allez ! Rien de tout cela. À l'égard de notre fabuliste, je n'aurais pas dit mieux que Madame de La Fayette.

– Voilà qui est plaisant à entendre. Maintenant, pour répondre à votre question, permettez-moi de me retirer derrière le secret de la confession.

La foi chevillée au corps, il ajoute :

– Je ne vous dirai rien de plus.

Les masques se figent d'un coup, une curieuse physionomie moitié outrée, moitié déconfite. L'abbé déglutit, passe outre, mais sait qu'il lui est impossible de prendre congé aussi brutalement.

– Cependant...

Les fards se figent. Pouget sort de sa poche un petit carnet. Son index s'agite nerveusement page après page.

– Voilà ! c'est là.

Le nez sur le vélin du papier, il déchiffre sa petite écriture crispée.

– Cependant, disais-je... depuis que je confesse Monsieur de La Fontaine, je n'entends autour de moi que quolibets, sarcasmes et railleries à son encontre.

En face, les mentons se rehaussent, affichant une muette désapprobation.

– On plaint... je cite : ses errements, ses rêveries, ses endormissements, ses envies de volupté, sa capacité à esquiver les soucis, sa paresse. Et il est si endetté qu'il n'a d'autre secours que celui de vivre aux dépens des autres...

– Monsieur l'abbé, c'est assez !

– Assez, assez ! La barque est pleine.

– J'en conviens. C'est pourquoi, si vous le permettez, j'aimerais entendre une autre musique. Aussi si vous aviez une qualité, une seule, à attribuer à Monsieur de La Fontaine, laquelle serait-ce ?

– Je ne parlerai point d'une qualité. Il a bien mieux !

L'œillade entre les deux aristocrates est brève. À l'unisson, elles déclarent :

– Ses Fables !

– Ses Fables ?

– Cet homme n'est pas pourvu d'une qualité mais d'un talent.

– Un talent qui, dans l'exercice des Fables, confine au génie.

L'abbé souffle intérieurement. L'une comme l'autre semblent s'éloigner du motif de sa convocation et mordre à un hameçon auquel il n'avait pas songé : la littérature. Il est vrai qu'elles en sont férues et qu'elles en font. Pouget se précipite dans la brèche.

– Mais en quoi ses Fables tiennent-elles du génie ?

– Leur succès a été immédiat et populaire.

– Marais dit très justement que ses « *Fables le placent sous la protection des honnêtes gens* ».

– Je n'en doute point, mais cela ne m'explique toujours pas en quoi elles sont géniales.

– Je répondrais à cela qu'une Fable de La Fontaine nous enseigne des vérités éternelles. *Elles sont divines. On croit en distinguer quelques-unes, et à force de les relire, on les trouve toutes bonnes. C'est une manière de narrer et un style à quoi l'on ne s'accoutume point.*

– Et ce sont bien plus que des historiettes coiffées d'une morale ! C'est le résultat d'observations et de réflexions cumulées siècle après siècle. Un héritage du bon sens humain qui nous est venu depuis les tréfonds de l'Antiquité.

– Les vers de La Fontaine sont d'une fulgurante simplicité. Chez lui : quatre, cinq mots enchanteurs et bien choisis font une phrase qui en dit plus long que le plus grand des bavards.

– Une disposition classique chez les solitaires et les silencieux !

– Laissez-moi vous conter l'une d'elles :

« *Une montagne en mal d'enfant*
Jetait une clameur si haute,
Que chacun au bruit accourant
Crut qu'elle accoucherait, sans faute,
D'une cité plus grosse que Paris ;
Elle accoucha d'une souris.
Quand je songe à cette fable
Dont le récit est menteur
Et le sens véritable,
Je me figure un auteur
Qui dit : "Je chanterai la guerre
Que firent les Titans au maître du tonnerre."
C'est promettre beaucoup : mais qu'en sort-il souvent ?
Du vent. »

– Tout est charmant. Cette Fable va jusqu'à nous promener sans effort aux cimes de la pensée ! N'est-ce pas ?

– C'est très juste ! Chaque fois, l'homme est montré tel qu'il est.

– C'est-à-dire ?

– Tous ses travers sont mis sur la sellette : l'ambition, le pouvoir, la jalousie, le fanatisme, la cupidité, la cruauté, la médiocrité, que sais-je encore ? Et par-dessus tout, sa sottise !

– Chère amie, ses Fables ne sont pas que des vérités difficiles à entendre.

– Si peu !

– Tut ! tut ! tut ! l'amitié, le bon sens ou la raison l'emportent quelquefois. Puis, à les lire tout donne à sentir, à palper ; La Fontaine fixe si bien les parfums et les sensations.

– Il n'empêche, les Fables sont dépourvues d'illusions !

– Oui, mais sans acrimonie ni aigreur.

L'abbé n'en croit pas ses oreilles : un étourdissant ballet de critiques et d'appréciations. La convocation s'est transformée en un débat entre deux femmes passionnées et devisant d'arrache-pied sur le contenu des Fables. Quelle aubaine ! Il suffit de questions pour entretenir leur verve.

– A-t-il écrit beaucoup de Fables ?

– Pas assez ! On en revient toujours et encore à la même chose : son inconstance. Il n'a eu de cesse de passer d'un genre littéraire à un autre.

La marquise s'insurge :

– *Je voudrais faire une fable qui lui fît entendre combien cela est misérable de forcer son esprit à sortir de son genre ! Et combien la folie de vouloir chanter sur tous les tons fait une mauvaise musique !*

– Oui mais le théâtre, la tragédie ou l'opéra sont dispensateurs de renommée et de réussite, contrairement aux fables.

– C'est un fait. Sauf qu'en la matière, toutes les entreprises de La Fontaine ne sont guère enthousiasmantes. *Il y a des endroits jolis, très jolis, et d'autres ennuyeux ; en croyant mieux faire on fait mal.*

Madame de La Fayette pouffe.

– Dans les salons, La Fontaine est insignifiant. Je l'ai souvent observé : un gastéropode enfermé dans sa carapace, glissant inaperçu parmi nous, l'air endormi, tout enveloppé de silence et… de paresse.

– Tandis que nos traits d'esprit fusent, lui est trop absorbé pour y aller du sien !

– La Fontaine est un esprit qui ne fonctionne ni dans le même registre ni à la même vitesse que nous autres.

– La vitesse de l'escargot…

– Que me dites-vous là !

– Rendez-vous compte : il avait quarante-sept ans lors de l'édition de son premier recueil de Fables. Tout ce temps à attendre ! Et il a fallu encore attendre dix années pour l'édition de son deuxième recueil. Depuis, plus rien.

– Chez lui, le temps d'incubation est long…

– Très long ! Les commères de Château-Thierry racontent que quand il était enfant, jamais le pays n'avait connu chérubin moins prompt et moins pétillant. Mais en découvrant son nom sur les registres du baptême, elles disaient que c'était le seul signe de précocité qu'il ait jamais donné.

– Pourquoi cela ?

– Il fut parrain dès l'âge de trois ans…

Les douairières gloussent, puis continuent leur entretien comme si l'abbé – toujours debout – n'avait jamais existé.

– Ah, très chère ! moi qui suis plus jeune que vous, je suis toujours chagrine et inquiète ; alors que je n'ai aucun sujet de chagrin ou d'inquiétude.

– Ma belle, la fièvre vous égare.

– Que nenni ! Mon cerveau ne souffre d'aucun ramollissement, soyez-en assurée ! Mais peut-être l'œil que je jette sur le monde devient vitreux… Il y a encore quelques jours, Madame de Maintenon m'a déclaré : « *Je n'ai pu conserver votre amitié, elle en mettait la continuation à trop haut prix* »…

– Elle exagère !

*

* *

Un domestique amène sur un plateau une carafe d'eau et deux verres qu'il pose sur le guéridon à côté du lit. Décidément, le pauvre abbé est inexistant.

– J'avoue un faible pour le second recueil des Fables. Je trouve que tout en gardant de leur légèreté, elles ont plus de corps et de profondeur. D'ailleurs, notre fabuliste l'écrit dans la préface : « *J'ai jugé à propos de donner à la plupart de celles-ci un air et un tour différent de celui que j'y ai donné aux premières... pour remplir de plus de variété mon ouvrage* ».

– Sans doute s'est-il enrichi au contact de Madame de La Sablière ?

– La tourterelle !

Le qualificatif coupe la chique de Madame de La Fayette. Les yeux vairons de la marquise de Sévigné dardent tous leurs feux. Elle n'a jamais goûté les mœurs libertines de Madame de La Sablière. Après s'être rendue deux ou trois fois dans son salon, elle se refuse de le fréquenter bien que « son nez carré par le bout » renifle tout ce qui s'y raconte.

Quant au nom d'oiseau – *a priori* plaisant – dont elle affuble Madame de La Sablière, il empeste le ressentiment. Certes, cette dernière avait un fort penchant pour la roucoulade au milieu des libertins qui encombraient son salon.

Savent-elles que Madame de La Sablière vient de décéder ? L'abbé tait le sujet et préfère s'enquérir de la préférence affichée par Madame de La Fayette.

– Que trouvez-vous de remarquable à ce second recueil de Fables ?

– Il est né d'un esprit à la paresse entretenue...

– Ah !

– Ce sont les écus de Madame de La Sablière qui, en cultivant la paresse de La Fontaine, ont permis l'éclosion de ces Fables.

– Jusqu'aux domestiques qui lui changeaient ses vêtements usés !

L'amoralité du fabuliste heurte Pouget.

– Tout de même ! Il est étonnant que Monsieur de La Fontaine, aussi irresponsable soit-il, puisse être le chantre des morales de ses Fables.

Les visages fardés acquiescent, l'air grave. Cet avis vaut comme une flèche qui, sans le transpercer, atteint le cœur des épistolières.

La marquise nuance :

– Les morales de ses Fables ne nous proposent point de règles bien strictes, ni de but bien élevé. En somme, que nous disent-elles ? Tâcher d'être un peu moins sot, de connaître la vie, de n'être point dupe d'autrui et encore moins de nous-même, voilà l'abrégé de ses conseils.

– Je partage votre avis ! Les morales de La Fontaine ne sont en rien un prêche, elles se fondent sur la sagesse. Apprendre à être heureux ou… moins malheureux, selon le caractère de chacun.

– Ou l'art de se tirer d'affaire en se préservant du danger, de la misère, des imbéciles et de l'injustice.

– Les morales des Fables s'appuient sur des joies simples : l'amitié, les plaisirs de l'esprit, le commerce des femmes comme celui des hommes, les bons soupers, les bons vins, la nature à la belle saison…

– La volupté est partout. Les morales nous indiquent le chemin du bonheur et nous incitent à profiter des bons moments de la vie.

L'abbé reste sur sa faim.

– Donnait-il de l'ardeur pour écrire ses Fables ?

– C'est le fruit d'un génie aisé. Elles coulent de source et lui coûtent peu d'efforts.

– C'est cette aisance qui l'a fait ingénieusement nommer « mon Fablier » par la duchesse de Bouillon, pour dire que ses Fables sont une production naturelle des idées qui se trouvent toutes arrangées dans sa tête !

– Je le crois aussi. Son indolence se manifeste quelquefois par des constructions vicieuses ou par des défauts de langage.

La marquise de Sévigné, en dépit de son corset, bondit tel un arlequin hors de son fauteuil.

– Ah, non ma belle ! Je ne peux pas vous laisser dire cela. Fautes accommodantes, peut-être... Mais jamais de constructions vicieuses chez La Fontaine ! Ce genre de propos sent son Boileau. Si les Fables n'avaient employé que l'alexandrin, elles auraient perdu la moitié de leur vérité et de leur agrément. Douze syllabes sont un trop long vêtement pour une pensée légère. Celle-ci risque de se prendre dans les plis d'un manteau, certes magnifique, mais qui ne peut marcher que d'un air sérieux et compassé ! La Fontaine est le seul qui nous ait donné les vers qui conviennent à une fable. Ils sont toujours divers, longs, courts, entre deux ; avec vingt sortes de rimes croisées, reculées, rapprochées ; tantôt magistrales, tantôt légères. Et quand il écrit un mot suspect, il le corrige avec un empressement affecté. Puis, pour finir, le rythme des Fables est aussi varié que notre façon d'être : pas plus que nous, il ne soutient longtemps un même sentiment.

Sous les arguments de son amie, Madame de La Fayette grimace un sourire.

– Il est vrai que La Fontaine est à mille lieues des habitudes oratoires qui font loi à ce jour.

*

* *

Le domestique pénètre à nouveau dans la chambre, un verre sur un plateau qu'il présente à Pouget. Il marmonne une excuse, les deux femmes interrompent leurs babillages.

– Nous manquons à tous nos devoirs, Monsieur l'abbé, asseyez-vous !

Ce ne serait point de refus pour le vicaire. La position debout finit par être pesante, mais il veut en finir au plus vite et escamoter les raisons de sa « convocation ».

– Je vous remercie Mesdames, mais… une autre affaire m'attend et je ne voudrais point abuser de la faiblesse de Madame de La Fayette. Cependant, je voudrais avoir un dernier avis, assurément éclairé de votre part… On dit que les Fables de Monsieur de La Fontaine se contentent de plagier des auteurs classiques.

– En ce cas, lavez vos oreilles et oubliez ce vilain mot « plagier » ! Les Fables de Pilpay, de Phèdre ou d'Ésope ne sont que des canevas simplets. Ce sont les originaux à partir desquels La Fontaine a composé ses Fables. Pour mesurer son talent, il suffit de retrancher ses Fables aux leurs.

– Imaginez notre plaisir ! C'est comme entrer dans son cerveau : saisir sa gaieté, son imaginaire et toute la philosophie qu'il insinue. On réalise alors sa virtuosité.

– Livrez-vous à cet exercice, Monsieur l'abbé ! Comparez *Le Coche et la Mouche* de Phèdre et de La Fontaine.

– Dès lors vous comprendrez le génie de notre fabuliste[1].

1. Voir la comparaison faite par Taine en annexe.

18

… Près de la dame était une personne,
Une suivante ainsi qu'elle mignonne,
De même taille et de pareil maintien,
Gente de corps, il ne lui manquait rien
De ce qui plaît aux chercheurs d'aventures…
Les Quiproquos (Conte)

Au couvent des Feuillants, rue Saint-Honoré

Au logis, l'abbé Pouget découvre les joues creuses et le teint cireux de Jean de La Fontaine. Au chapelet continuel de ses vilaines toux, s'ajoute le désarroi : la disparition de Madame de La Sablière.

Recroquevillé dans son fauteuil, devant l'âtre de la cheminée, il se tait ; tout juste s'il a trempé les lèvres dans sa soupe. Le prêtre dépose sur la table une fiole de quinquina.

– Voilà qui devrait vous requinquer. C'est toujours mieux que le lait d'ânesse et la saignée !

Le poète affiche un pauvre sourire.

– Mon impérieuse protectrice, la duchesse de Bouillon, m'avait demandé d'écrire une ode sur cette médecine fort en vogue.

– Vous l'avez fait ?

– Oh, je ne l'ai pas faite, je l'ai chantée mais par complaisance. *Le quin règne aujourd'hui : nos habiles s'en servent.*

– Vous ne croyez pas à son efficacité.

– Si fait, mais pas à celle de mes vers. C'est non sans bâiller ni dormir que je suis parvenu à mes fins.

– Mais pourquoi donc ?

– Les rimes sont mauvaises, seules quelques-unes surnagent dans ce bocal pharmaceutique ! *Ma raison me disait que mes mains étaient lasses...*

Pouget tente de lui remonter le moral.

– Ce tantôt, j'ai rencontré deux personnes de haut lignage qui vous ont en grande estime.

Point de réaction de La Fontaine.

– Il s'agit de Madame de La Fayette et de la marquise de Sévigné.

L'un des sourcils se soulève.

– Pour la première, je veux bien le croire ; pour la seconde, j'ai quelques doutes.

– Madame de Sévigné ? Détrompez-vous !

– Je n'ai jamais mis les pieds dans le salon de la marquise.

– Comment cela ?

– Elle a pour habitude de ne recevoir chez elle que des membres de la haute noblesse. Je n'appartiens pas à ce monde, quoi de plus normal ?

Un ange passe.

– N'empêche qu'elle n'a eu de cesse de louanger le talent de vos Fables, tout comme Madame de La Fayette.

– Louanger mes Fables ?

– Intarissables, vous n'imaginez pas à quel point !

– Pourtant, il y en a peu à dire.

– Ce n'est point le sentiment qu'elles m'ont laissé.

– *Les fables ne sont pas ce qu'elles semblent être :*
Le plus simple animal nous y tient lieu de maître.
Une morale nue apporte de l'ennui :
Le conte fait passer le précepte avec lui.

En ces sortes de feintes il faut instruire et plaire.

– Décidément, Monsieur de La Fontaine, je me range à l'avis de ces personnes, vous avez du génie !

Pouget, qui pourtant veut se cantonner dans son rôle, dissimule difficilement son admiration.

Le poète se verse quelques gouttes de quinquina dans un gobelet à moitié rempli de vin. Il n'en fait qu'une lampée.

– Le succès de mes Fables est lié à la gaieté de mes textes.

– Que voulez-vous dire ?

– *La gaieté de mes textes est non pas ce qui excite le rire mais un charme, un air agréable qu'on peut donner à toutes sortes de sujets, même les plus sérieux.* Qui n'a pas souri au point final de chacune de mes Fables ? Si tel est le cas, voilà toute ma satisfaction.

– Vous y êtes parvenu !

– On n'est jamais sûr.

– Pourtant…

– *On ne peut pas dire que toutes les époques soient favorables pour toutes sortes d'écrits. Il n'appartient qu'aux ouvrages vraiment solides et d'une souveraine beauté d'être bien reçus de tous les esprits et de tous les siècles sans avoir d'autre passeport que le seul mérite dont ils sont pleins.*

– Vos ouvrages en sont !

– J'en doute. *Comme les miens sont fort éloignés d'un si haut degré de perfection, la prudence veut que je les garde en mon cabinet, à moins que de bien prendre mon temps pour les en tirer.*

À nouveau, La Fontaine verse quelques gouttes de quinquina dans son gobelet et le tend à l'abbé.

– Pouvez-vous le remplir d'un peu de vin ?

Le vieux poète semble reprendre le dessus.

– L'abbé, j'appartiens aux classiques. Je ne manquais jamais de comparer Malherbe aux poètes anciens. Pourtant, ses textes pèchent par trop de beauté, ou plutôt pour être trop embellis.

J'ai alors compris la règle d'or du classicisme : les embellissements nuisent à la beauté. À l'aune de ce principe, j'ai flairé le génie de Molière quand j'ai entendu son théâtre. J'ai la certitude que les chefs-d'œuvre du jour naissent à partir de ceux du passé. Cette foi dans la continuité du génie humain ne m'a jamais quitté. Molière aussi en était persuadé.

– Vous avez connu Monsieur Molière?

– Fort bien.

– En quoi êtes-vous comparables?

– Voilà que mon confesseur s'intéresse à la littérature!

Est-ce l'effet du quinquina ou l'évocation des Fables? La Fontaine se revigore. Les ongles sales de ses doigts décharnés s'en vont gratter une barbe de quelques jours. Le sourcil en accent circonflexe, il réfléchit.

– Les comédies de Molière et mes Fables ont ceci en commun : elles aboutissent à une morale tirée d'une peinture des mœurs. Molière s'attachait à l'aspect ridicule des personnages et moi aux vices humains. Un jour, quelqu'un a dit que Molière le faisait rire de son voisin; et moi, je le ramenais à lui-même. C'est vrai : si Molière se venge des sottises d'autrui, moi, je fais réfléchir à celles dont notre conscience est capable.

– Vous étiez proche de Monsieur Molière?

– Assez pour être allé à son enterrement. Quelle tristesse que ces funérailles! des obsèques furtives et honteuses.

– En connaissez-vous la raison?

– Non.

– Nous ne pouvions donner une sépulture chrétienne à Monsieur Molière.

– Encore vos dogmes!

– Il était mort sans avoir abjuré son métier de comédien, une position sévèrement condamnée par l'Église. Il n'avait pas fourni la promesse écrite de ne plus jouer la comédie au cas où, dans son infinie bonté, le Seigneur lui aurait rendu la santé. Il était impossible d'ensevelir Monsieur Molière sur une terre consacrée.

– Pourtant, il a été enterré au cimetière Saint-Joseph ?

– L'archevêque de Paris, Harlay de Champvallon, est allé trouver le roi qui lui a demandé jusqu'à quelle profondeur s'étendait la terre consacrée. L'archevêque lui a répondu quatre pieds. Le roi a alors tranché : enterrez-le à une profondeur de cinq pieds.

La Fontaine sourit.

– Quelle tartufferie !

– Peut-être. Mais sans pompe, ni messe et hors des heures du jour.

Le fabuliste s'esclaffe.

– Quelle indignité que ce cortège que j'ai suivi ! L'abbé, j'ai la pudeur des larmes ; croyez que cette nuit-là, je n'ai pu les retenir. Toute une procession s'est mise en marche derrière le cercueil : Mignard, Boileau, Chapelle et moi-même, puis les comédiens du Palais-Royal, puis des inconnus, puis rien… Sauf le bruit de nos pas. Personne ne disait mot. Les prêtres présents ? Pas une prière ! Pas un chant ! Sinistre.

– Si Molière s'était conformé à la règle, il aurait eu une sépulture digne de ce nom.

À cet instant, le poète fixe si fort l'abbé qu'il l'embarrasse. Sa pensée se lit dans ses yeux : quel sera le châtiment imposé par l'Église pour le salut de son âme ?

– Tout de même, Molière n'était pas n'importe qui ! Aucune cérémonie, aucune reconnaissance… J'ai donné un peu de lustre à cet enterrement avec cette épitaphe :

Sous ce tombeau gisent Plaute et Térence
Et cependant le seul Molière y gît.
Leurs trois talents ne formaient qu'un esprit

Dont le bel art réjouissait la France.
Ils sont partis, et j'ai peu d'espérance
De les revoir. Malgré tous nos efforts,
Pour un long temps, selon toute apparence,
Térence, et Plaute, et Molière sont morts.

Un silence gêné s'installe entre le pénitent et son confesseur. L'abbé s'agite.

– Nous devisons, nous devisons… Et si nous revenions à nos moutons !

– Lesquels ?

– Vos confessions.

– Soit.

– In nomine Patris…

– Il me semble, l'abbé, que vous oubliez quelque chose.

– Qu'est-ce ?

– Le meuble qui préserve les bonnes mœurs.

– Où ai-je la tête !

Et Pouget d'aller chercher son tabouret puis le paravent qu'il déplie entre lui et La Fontaine.

– In nomine Patris…

*

* *

– Du temps où vous étiez dans l'hôtel de La Sablière, qu'avez-vous à confesser ?

– Deux femmes.

La réponse simple mais brutale provoque un gémissement chez Pouget, qui semble dire « encore ! ».

L'abbé reprend sa respiration.

– Je vous écoute mon fils.

– La première est Mademoiselle de Champmeslé.

– La comédienne ?

– Tout le monde l'idolâtrait et s'accordait à dire qu'elle était l'interprète éblouissante des tragédies de Racine. Elle fut aussi son amante.

– Ici, nous ne confessons point Monsieur Racine !

– Soit, mais le fait est d'importance, car c'est par son intermédiaire que je fis sa connaissance. Or, vous savez mon goût pour la gent féminine. En ce temps, Racine avait le même ! Au point de m'écrire dans ses lettres « *qu'il n'y a pas une savetière, pas une villageoise qui ne disputât de beauté avec les Fouilloux et les Menneville… Toutes les femmes y sont éclatantes et s'y ajustent d'une façon qui leur est la plus naturelle du monde ; et pour ce qui est de leur personne : un teint frais, un corps ferme et la plénitude de la santé*[1] »…

– Eh bien ?

– Racine savait s'ajuster aux savetières et aux bourgeoises… Comme nous le disions : ni belles manières ni bel esprit, pourvu qu'elles soient avenantes !

– Monsieur de La Fontaine, venez-en au fait. Qu'avez-vous à dire à propos de Mademoiselle de Champmeslé ?

– La « poupée rondelette », comme la surnommait Racine, était d'envergure mais au fond ne valait guère mieux qu'une fille légère. Madame Claude – ainsi appelait-on la Champmeslé –, pourtant mariée, collectionnait les amants de façon si effarante que Boileau l'a crucifiée : « *De six amants contents et non jaloux qui tour à tour servaient Madame Claude, le moins volage était son époux.* » Curieux monsieur que son mari ! Il réservait aux amants de sa femme le meilleur des accueils. Quelle mélasse ! Jusqu'à Monsieur de Tonnerre qui, ayant « remplacé » Racine,

1. Lettre de Racine à La Fontaine, depuis Uzès. Mesdemoiselles du Fouilloux et de Menneville comptaient parmi les canons de la beauté. Toutes les deux étaient demoiselles d'honneur de la reine mère, Anne d'Autriche.

s'était fait dire que « *La Champmeslé avait été déRacinée par le Tonnerre* »... Madame Claude possédait son art, celui de gérer son monde sans anicroche.

La Fontaine est songeur.

– C'est peut-être d'abord cela que le talent de comédienne...

– Que s'est-il passé entre vous ?

– Nos liens se sont « resserrés » après la lecture de mes Contes. Elle les trouvait merveilleux et se flattait de distribuer mon livre interdit depuis sa maison de la rue Pavée. L'endroit, pour cette littérature, faisait merveille ; les amants qui papillonnaient autour d'elle étaient demandeurs. Antoine Furetière ne l'a pas épargnée : « *Une comédienne* [la Champmeslé] *a été la digne commissionnaire pour faire le débit de cette marchandise de contrebande* »... Entre-temps, séduit par son « dévouement » puis pris de tendresse pour ses épanchements affectueux et cette légèreté féminine qui me met tant en émoi, j'ai décidé d'écrire une tragédie, *Achille*, où elle aurait eu le rôle principal.

– Ce fut le cas ?

– Non. J'ai commencé, puis je me suis arrêté... Trop empressé de lui écrire des lettres imprégnées d'allusions délicates aux sentiments les plus vifs que j'avais pour elle : *Je suis à Château-Thierry, Mademoiselle, jugez si je dois penser à vous, moi qui ne vous oublierais point au milieu de la plus brillante cour.*

– Et puis ?

– Mes « allusions délicates » franchirent le Rubicond. Je lui ai avoué ma passion :

De mes Philis, vous seriez la première,
Vous auriez eu mon âme tout entière
Si de mes vœux j'eusse plus présumé :
Mais en aimant, qui ne veut être aimé ?
Par des transports n'espérant pas vous plaire,

Je me suis dit seulement votre ami,
De ceux qui sont amants plus qu'à demi :
Et plût au sort que j'eusse pu mieux faire !

Après cette lecture, Mademoiselle de Champmeslé est passée de demi-amante à amante à part entière !

– Vous en avez fini ?

– Oui.

– Savez-vous que le péché de fornication…

– … est grave, très grave. Je le sais.

*

* *

Derrière son paravent, l'abbé entend le bruit d'un liquide que l'on verse, sans doute La Fontaine arrosant son quinquina d'un peu de vin.

– Quelle est la seconde personne dont vous vouliez me parler ?

– Madame Ulrich, comme Mademoiselle de Champmeslé, adorait mes Contes. C'était bien le seul point commun entre ces deux femmes… pour le reste…

La Fontaine semble hésiter.

– Pour le reste ?

– Madame Ulrich n'appartenait pas au grand monde, loin s'en faut. Son mari occupait une position de maître d'hôtel chez le comte d'Auvergne.

– Et elle ?

– Belle, vive, pleine d'esprit, élégante et gracieuse. Elle avait toutes ces qualités quand je l'ai rencontrée et en abusait. Comment pouvais-je résister à ce genre de beauté ? Elle m'offrit aussitôt ce qu'elle n'avait d'ailleurs jamais refusé à personne…

Le poète fait une pause. Il entend l'abbé réciter son chapelet, puis celui-ci n'intervenant pas, il reprend sa confession.

– Cette femme était corrompue au plus haut point. Elle collectionnait les amants, les débauches et le libertinage. Avec cela une seule idée en tête : soutirer le plus d'écus possible aux pigeons qu'elle soulageait, s'assurant ainsi de beaux revenus. De ces « aimables » va-et-vient, je n'étais point dupe. Mais j'avoue que cette courtisane de haut vol était une source d'inspiration pour mes Contes. Il me suffisait de respirer l'air des amours faciles de Madame Ulrich quand luxe et luxure faisaient bon ménage. Elle a été en quelque sorte ma muse…

– Doux Jésus ! Cette femme est diabolique… Jusqu'où êtes-vous allé avec elle ?

– Je lui ai dédié un Conte, *Les Quiproquos*[1].

– Mon Dieu !

– À ce propos, avez-vous lu mes Contes ?

Les joues de Pouget s'empourprent.

– Si vous le voulez bien, Monsieur de La Fontaine, une chose après l'autre… Nous en reparlerons plus tard. Confessez d'abord tout ce que vous avez osé faire avec cette diablesse !

– Quand La Bruyère a déclaré que, dans la société, je paraissais « *lourd, grossier et stupide* », elle s'est permis de le rabrouer : « *Si l'auteur qui l'a peint sous des traits si contraires à la vérité l'avait bien connu, et pas même autant que moi, il aurait avoué que le commerce de cet aimable homme faisait autant de plaisir que ses livres.* »

– Quel culot !

– N'est-ce pas ?

La Fontaine s'interrompt. Une idée lui traverse l'esprit

– Vous ne voulez point que je vous parle de mes Contes ?

– Une autre fois, vous dis-je !

1. C'est Madame Ulrich qui fera publier ce Conte après le décès de La Fontaine, joint à une édition d'*Œuvres posthumes.*

– Soit. Mais, sachez qu'elle en a pris âprement la défense. « *Pour ses Contes, je ne trouve personne qui puisse être en parallèle avec La Fontaine. Il est absolument inimitable. Quelle réussite véritablement charmante ! tout y coule de source. La lecture fait subir à l'âme un plaisir qu'on ne peut décrire.* »

L'abbé se décompose. Les poings serrés sur son chapelet, il veut se taire et laisse dire La Fontaine.

– Madame Ulrich avait une fille – on ne sait trop de qui. Elle se prénommait Thérèse. En désespoir de cause et toutes hontes confondues, pour racheter les fautes de sa mère qui, « *à Paris, faisait la prostituée à tout venant* », elle entra au couvent d'Évreux dans l'espoir de devenir religieuse.

Cette pensée calme le courroux du prêtre.

– Rendons grâce à Dieu !

– J'ai rencontré Thérèse. Elle était d'*une beauté et d'un teint au-dessus de toutes choses*, mais si arrogante que je l'ai traitée de petite peste !

– Comment avez-vous osé ?

– Elle m'avait si désagréablement reçu dans son couvent...

– Son attitude était des plus compréhensibles !

– Peut-être... En tout cas, Madame Ulrich s'en est allée au couvent afin de s'expliquer avec sa fille. On lui refuse l'entrée mais elle corrompt le confesseur et rentre à Paris avec lui...

– Cette femme est le diable en personne !

– Le scandale fut extrême, au point que Thérèse demanda l'internement de sa mère. Le rapport de Monsieur d'Argenson, lieutenant de police, est sans complaisance : « *C'est une des plus indignes mères qu'il y ait au monde ; et il faudrait la renfermer elle-même si les lois permettaient de débarrasser les maris des méchantes femmes qui leur tombent en passage.* »

Le rouge de la fureur monte aux joues de l'abbé.

– Monsieur de La Fontaine, voilà qui a définitivement compromis votre réputation ! Non seulement vous êtes gravement entaché à cause de vos Contes, mais à force de vous laisser entreprendre par ce genre de femelles, vous ne pouviez que favoriser les conditions de votre déchéance !

La Fontaine tapote la main de l'abbé. Cherche-t-il à l'apaiser ? Pouget grince.

– Eh bien, à vous entendre ?

– Vous savez, l'inconstance de mon caractère est naturelle chez moi. Elle a toujours fini par l'emporter…

Le trait pique l'abbé.

– *Mais quoi ! Je suis volage en vers, comme en amours…*

Outré, Pouget se lève.

– Les femmes n'ont vraiment aucune importance pour vous !

– Disons qu'elles m'inspirent.

– Votre sincérité franchit les limites de la provocation ! Sans parler de Mademoiselle de Champmeslé et de cette Madame Ulrich, pensez-vous que je puisse aussi absoudre vos fautes à l'égard de Madame de La Sablière ?

– Quoi ! Mais je n'ai jamais été licencieux à son égard.

– Vous avez égoïstement profité de ses bienfaits. Elle a pris le soin de vous entretenir, tout comme Mesdames de Sévigné et La Fayette ont fait votre publicité.

– Je sais, et c'est avec leurs servantes que je batifolais…

C'en est trop pour l'abbé.

– Avez-vous fini ?

– Non point, Monsieur l'abbé. J'ai accepté vouloir me confesser à vous parce que j'ai jugé que vous pouvez tout entendre. Acceptez-en l'augure !

– Mais…

– Non ! écoutez-moi. Quand vouloir séduire une femme de renom suppose avoir de l'entregent, des délicatesses, des lascivités, des pudeurs, des soupirs, et une infinité d'autres douceurs qui ne peuvent être pratiquées en un moment…

La voix de La Fontaine se casse.

– Eh bien ?

– Eh bien, tout cela me fatigue… À cela, je préfère la simplicité des grisettes. Si le plaisir est gâté par l'effort, ma nonchalance n'y trouve point son compte.

– S'il vous plaît, restons-en là !

– C'est le cas. Je n'ai rien de plus à dire.

– Monsieur de La Fontaine, vous avez aimé trop de femmes dans votre vie, sans avoir été capable d'en aimer une seule ; à commencer par celle que vous avez épousée devant Dieu.

Le poète acquiesce.

– Je veux bien l'entendre.

La Fontaine prend le bras de Pouget et soutient son regard.

– Maintenant l'abbé, vous en connaissez, vous, beaucoup d'hommes qui n'ont connu et aimé qu'une seule femme leur vie durant ?

Furieux, l'abbé tourne les talons et quitte la pièce.

La Fontaine se contente de hausser une épaule.

– Cet abbé est décidément jeune. Le temps se chargera d'y remédier.

Il rehausse sa robe de chambre et se recroqueville dans son fauteuil. Il grelotte et s'endort.

19

Amusez les Rois par des songes,
Flattez-les, payez-les d'agréables mensonges :
Quelque indignation dont leur cœur soit rempli,
Ils goberont l'appât, vous serez leur ami.
Les Obsèques de la Lionne (Fable)

À Auteuil, chez Nicolas Boileau-Despréaux

Le ventre de Paris est incertain. Constitué de vieux quartiers surpeuplés et de bouts de rues mal fréquentées, la ville n'est qu'un réseau de boyaux aussi inextricables qu'insalubres. Les corniches et les saillies des toits sont si rapprochées que les pâles rayons du soleil d'hiver sont incapables de percer les échancrures.

Ce matin, l'abbé Pouget se faufile à travers des ruelles aux noms étranges – les rues du Pet-Au-Diable, du Tire-Boudin, du Trop-Va-Qui-Dure, du Bout-Du-Monde – qui, en dépit d'une bise glaciale, fourmillent de gens.

Les entrées des portes cochères sont envahies d'immondices entreposées par les domestiques que de vieilles mendiantes farfouillent. Elles s'activent avant l'arrivée des charrettes de l'entrepreneur des boues[1]. Au risque de se faire écraser par les moyeux de leurs roues, l'abbé se réfugie entre les bornes en

1. D'où l'origine du mot « éboueur » utilisé aujourd'hui.

pierre qui servent de contrefort aux maisons. Il doit attendre que les lourdes pelletées des « retrousseurs » nettoient la voie.

Le vicaire trépigne. Afin de lutter contre les morsures du froid et calmer son impatience, ses doigts engourdis déplient maladroitement la lettre de François de Maucroix. « Je ne saurais trop vous conseiller d'aller à la rencontre de Nicolas Boileau que je connais fort bien. La Fontaine et lui sont à la fois si proches et si différents que les sentiments de Despréaux devraient vous éclairer sous un jour nouveau la personnalité de mon très cher et bien-aimé ami. »

Quelle que soit la rue empruntée, les contrastes de Paris surprennent chaque fois Pouget. Les odeurs nauséabondes livrent une lutte acharnée contre les plus délicats parfums, les ajustements piqués d'or se frottent aux haillons infestés par la vermine. Le libertinage et les invites à la débauche des uns s'accordent avec la commisération et l'austérité des jansénistes.

Ces ruelles oppressantes s'accommodent du flux et des embarras causés par les voitures parce qu'elles débouchent toujours sur de grandes artères ou sur une route campagnarde. Le confinement fait alors place à l'espace. Pouget passe de la nausée à l'éblouissement : il arrive au lieu-dit Auteuil, le bourg où habite Nicolas Boileau.

*

*   *

L'homme se tient bossu. L'est-il ? Le dos est tordu mais rien ne vient confirmer l'infirmité. Sous un visage anguleux, le nez pointu et l'œil aigu en disent long sur sa verve redoutée et féroce. Les rides d'attention qui plissent son front et ses paupières mi-closes font penser à un félin à l'affût.

Tel est le Nicolas Boileau-Despréaux que découvre l'abbé Pouget. Ainsi paré, l'« Horace de son temps » fait l'objet d'une cruelle rumeur. On raconte son incapacité à satisfaire une femme.

– Trait pour trait, hé bien, je dirais que La Fontaine est « *un enfant naïf, crédule, facile, sans ambition, sans fiel* ». Il est incapable de rancune, sa moquerie n'est jamais de la méchanceté. Il ne veut que s'amuser et ne sait point nuire. La Fontaine rêve sans qu'il puisse dire à quoi il rêve ! « *Il n'est pas capable de s'attacher longtemps au même objet, il ne cherche que le plaisir, ou plutôt l'amusement ; et pour ce qui est de ses mœurs, il se laisse guider par une sombre lumière...* » À sa physionomie, on ne devine point ses talents. Rarement il commence la conversation, et même pour l'ordinaire, cet idiot est si distrait qu'il ne sait ce que disent les autres. Voilà ce qu'est La Fontaine.

Boileau est sans complaisance et sa voix, qui vire à l'aigu à chaque fin de ses phrases, résonne désagréablement aux oreilles de Pouget.

– Le chanoine Maucroix dit que vous êtes à la fois proche et différent de Monsieur de La Fontaine.

– Je ne sais plus trop ce qui nous rapproche. L'âge nous différencie autant que nos conceptions sur la poésie. Quand j'ai publié l'*Art poétique* qui revisitait tous les genres poétiques, je n'y ai point fait figurer ses Fables.

– Pourquoi ?

– Que d'entorses aux règles de l'alexandrin ! J'avais estimé qu'il n'était pas un créateur mais plutôt un imitateur de Rabelais ou de Marot et qu'il pratiquait là un genre mineur. Avec le temps, je réalise qu'à force d'avoir voulu trop codifier l'art d'écrire, je suis parfois tombé dans l'erreur.

– Vous regrettez votre jugement ?

– Oui. *La Fontaine a quelquefois surpassé ses originaux. Il y a des choses inimitables dans ses Fables, d'ailleurs comme pour ses Contes ; à ceci près que la pudeur y est toujours offensée...* Avec le temps, je me dis que *la belle nature et tous ses agréments ne se sont jamais fait autant sentir que depuis que Molière et La Fontaine ont écrit.*

– Vous êtes fâché avec Monsieur de La Fontaine ?

– Comment peut-on se fâcher avec La Fontaine ? Bien sûr que non ! Le temps nous a éloignés l'un de l'autre. On ne se voit plus. Mon caractère austère et mon humeur parfois grincheuse ne sont point à son goût. Ma compagnie lui a été pesante. Quand les gens l'ennuient, il se dissout !

– Votre relation avec Monsieur Racine est égale à celle que vous avez avec Monsieur de La Fontaine ?

– Non. Je suis très proche de Racine et de toute sa famille, j'officie tel un oncle. La semaine dernière, ils sont venus dîner ici et j'ai eu plaisir à les régaler. Ensuite, je me suis amusé à emmener Lionval et Madelon, deux de ses enfants, dans le Bois de Boulogne, disant que je voulais les mener perdre tellement je n'entendais pas un mot de ce qu'ils disaient !

– Vous appréciez les œuvres de Racine ?

– Je ne me fais aucune idée excessive du génie de mon ami. Je ne pèche jamais par excès d'indulgence.

Il réfléchit puis assène son avis.

– Je lui refuse la place de premier ! Molière et moi sommes devant... Quand je l'ai dit au roi, il s'est d'abord étonné, mais m'a rendu raison : « *Je ne le croyais pas. Mais vous vous y connaissez mieux que moi.* »

– Vous ne doutez aucunement de vous-même.

– Ce que l'on conçoit bien s'énonce clairement. Et les mots pour le dire arrivent aisément.

Pouget n'insiste pas.

– Pour l'avoir si bien connu par le passé, que reprocheriez-vous à Monsieur de La Fontaine ?

– Sa paresse. Sa lettre à Racine est un modèle du genre ! « *On vous avait assuré que je travaillais sans cesse depuis que je suis à Château-Thierry ; et qu'au lieu de m'appliquer à mes affaires, je n'avais que des vers en tête. Il n'y a de tout cela que la moitié de vrai. Mes affaires m'occupent autant qu'elles en sont dignes, c'est-à-dire nullement ; mais le loisir qu'elles me laissent, ce n'est pas la poésie, c'est la paresse qui l'emporte.* »

Boileau opine du chef.

– On ne tire rien d'un tête-à-tête avec La Fontaine ! À moins que le discours ne roule sur quelque chose qui l'intéresse.

– Vraiment ?

– La Fontaine ne s'encombre de rien. À commencer, comme je vous l'ai dit, par les gens qui l'ennuient. Pendant longtemps, bon nombre de personnes se sont fait beaucoup d'illusions sur son compte. Il a eu la réputation du causeur charmant, du convive aimable et de celui qui enchante les oreilles les plus délicates. Cette fausse réputation le fait rechercher par les vantards trop heureux ou trop fiers d'annoncer La Fontaine soupant chez eux. Je ne compte plus le nombre d'amphitryons qui s'y sont fait prendre !

– Que faisait-il ?

Despréaux se gausse.

– Que d'anecdotes à ce propos ! Je me souviens de ces trois comploteurs qui, par le moyen d'un quatrième ayant quelques habitudes auprès de La Fontaine, avaient décidé de le convier dans une maison remplie de muses. Ils savaient qu'avec ce genre de féminité, le bonhomme ne se faisait jamais prier. Il accourut en effet à point nommé. Les quatre compères offrirent le repas dans l'unique espoir du plaisir de jouir de son entretien, attendant de plaisantes saillies, des traits d'humour ou des vers. Tout cela devait être au menu. Mais point de compliments, ni façons, nulle grimace, nulle contrainte ; le bonhomme gardait le silence de bout en bout bien qu'il jugeât la compagnie bonne, la table délicate et le buffet bien garni. Surpris, les quatre compères firent contre mauvaise fortune bon cœur. Après tout, l'esprit du poète était-il occupé à créer de nouvelles Fables ? Il avait donc mieux à faire qu'à parler. Ce fut un fait, il mangea comme quatre et but de même. Le repas fini, les convives l'interpellèrent dans l'espoir de l'entendre. Rien n'y fit, il s'endormit ! Après sa sieste, La Fontaine s'excusa de ce qu'il était fatigué. Aussitôt, les autres le flattèrent et le mirent en humeur dans le secret espoir de voir briller son esprit. Mais rien ne parut de ce côté-ci. Bref, tout le temps que le bonhomme demeura avec eux, il fut absent. Les quatre compères en furent pour leurs frais. Furibonds, ils le conduisirent *manu militari* dans un carrosse et lui dirent adieu pour toujours. Jamais gens ne furent plus surpris ! Comment se peut-il qu'un homme aussi fin, qui sait rendre spirituelles les plus grossières bêtes du monde, qui sait les faire parler avec le plus joli des langages, ait aussi peu de conversation ? Même pas un instant pour remuer son esprit !

Boileau remarque que l'abbé contient difficilement son sourire.

– Une autre anecdote du même tonneau ? C'est Bernier qui me l'a rapportée. La Fontaine avait été invité à dîner chez Laugeois d'Imbercourt, un fermier général qui habitait tout près de l'Académie française. Il arriva à l'heure précise, prit place à la table, mangea du meilleur appétit sans répondre autrement que par monosyllabes ou par son silence aux interrogations des convives. Au milieu du repas, il se leva de table prétextant qu'il devait se rendre à l'Académie française. On lui fit remarquer qu'il avait largement le temps tellement la distance était courte. La Fontaine, qui le savait, ne se démonta pas pour autant : « *En ce cas, je prendrai le chemin le plus long !* » Et il partit.

Le critique s'esclaffe. L'abbé s'insurge.

– Ce comportement porte un nom : la goujaterie !

– En effet, pour si peu de dépense d'esprit, La Fontaine fit très bonne chère. Les convives, fort mécontents, vous auraient largement approuvé. En revanche...

– En revanche ?

– S'il se trouve parmi ses amis et que le discours s'anime par quelque sujet qu'il aime à disputer, alors là, il s'échauffe pour de bon. Mais c'est rare.

– Vous l'avez connu ainsi ?

– Oui, c'était lors d'un repas que l'on fit avec Molière, où l'on débattait sur le genre dramatique. La Fontaine se mit à condamner les « apartés », disant que rien n'était plus contraire au bon sens. Pour lui, les spectateurs du parterre risquaient d'écouter ce que l'acteur, seul, devait entendre. Il s'échauffa si fort qu'il n'était plus possible de l'interrompre et encore moins de lui faire entendre un mot. Alors je me suis amusé à parler aussi fort que lui en disant n'importe quoi : *Il faut que La Fontaine soit un grand coquin ! Un grand maraud !* Je répétais continuellement les mêmes paroles sans pour autant que le bonhomme ne cessât de disserter. On éclata tous de rire. Surpris, il me demanda ce qui nous arrivait. Comment ! lui répondis-je, je m'épuise à t'injurier et tu n'entends même pas mes « apartés ». Voilà qui prouve à quel point ton opinion est fausse.

– Vous l'avez vexé.

– Vexer La Fontaine ? Il n'a aucun amour-propre.

Boileau se met à observer l'abbé par en dessous.

– Sans trahir le secret de la confession, vous qui le côtoyez au quotidien, ne trouvez-vous pas que je dis vrai ?

L'abbé hoche la tête.

– Je le trouve de temps à autre distrait, comme s'il se sentait peu concerné par tout ce qui lui arrive, alors qu'il est le premier intéressé.

– Il a payé les conséquences fâcheuses de tels comportements.

– Conséquences fâcheuses ?

– Par exemple son opéra manqué avec Lully ou l'indifférence méprisante de Colbert ou encore sa laborieuse admission à l'Académie française.

Pour le coup, l'abbé se montre curieux.

– Peut-être auriez-vous l'obligeance m'en entretenir ?

*

* *

Pouget éprouve un sentiment de malaise. Le critique littéraire a toutes les caractéristiques de ces personnes brusques mais loyales, franches mais cassantes ; de celles qui s'accommodent peu des nuances de la retenue et dont les sarcasmes bilieux finissent par gêner.

– Pour comprendre la déconvenue de La Fontaine avec Jean-Baptiste Lully, il me faut parler de la marquise de Thianges. Elle est de ces gens qui ont le pouvoir de faire une réputation ou de précipiter l'échec de quiconque gravitant à la cour de Versailles ; de ces aristocrates de haut vol qui n'ont jamais rien prouvé par eux-mêmes, excepté de savoir – et faire savoir – qu'ils appartiennent aux grandes maisons qui ont fait la gloire du royaume de France. On la dit intelligente, mais elle a la cervelle tournée par un orgueil ridicule. « *Elle a les yeux fort chassieux et une grande bavette de linge qui lui prend sous le menton. Ce n'est pas sans besoin, elle bave sans cesse et fort abondamment* » ! Madame de Sévigné est impitoyable : « *La marquise de Thianges a plus de mal à se restreindre sur la nourriture que sur la médisance. Il est vrai que c'est un goinfre de nourriture. Elle est obèse.* »

Boileau éclate de rire.

– Que s'est-il passé entre elle et Monsieur de La Fontaine ?

– Dans un élan « miséricordieux », cette dame s'est avisée d'exiger de La Fontaine son pardon pour avoir écrit ses Contes. Mais pour qui se prenait-elle ? Je vous le demande !

– Monsieur de La Fontaine a accepté ?

– Il valait mieux être l'objet de la mansuétude de la marquise que celui de sa haine. Forte d'un repentir léger – sans doute à l'occasion d'un bavardage de salon –, elle décide de le récompenser en demandant à Lully de se rapprocher de lui afin qu'il compose les textes du livret d'un nouvel opéra intitulé *Daphné*.

– Lully a accepté ?

– C'est mal le connaître ! Il a fait semblant parce qu'il ne pouvait se démettre d'un ordre de la marquise de Thianges.

– En tant que grand favori du roi, il pouvait s'arranger afin de s'en défaire.

– C'est vrai, rien n'a égalé l'intimité et la connivence existant entre Louis XIV et Lully. Celui que je surnommais le *coquin ténébreux*, ce pilier de cabaret qui se débauchait avec le chevalier de Lorraine ou le duc de Vendôme, était toujours excusé par Sa Majesté qui lui pardonnait ses insolences et ses mauvaises mœurs. Ce Florentin savait toute l'affection que le roi avait pour la marquise de Thianges. C'est pourquoi il lui était impossible de refuser.

– Tant mieux !

– Holà, non ! Si Lully avait plein de dons et de facilités pour la musique et le théâtre, il en avait tout autant dans l'art de l'intrigue afin de maintenir sa place et ses avantages.

– Mais comment La Fontaine avait-il réagi à la proposition de la marquise de Thianges ?

– Comme un sot ! Le poète crut voir là une belle opportunité de briller. Il se jeta avec bonheur dans l'écriture du livret.

– Lully a collaboré avec La Fontaine ?

– D'abord Lully le berça de promesses les plus flatteuses et ainsi afficha sa bonne foi à l'égard de la marquise. Puis, il montra des exigences si terribles que tout ce qui glissait de la plume de La Fontaine ne convenait jamais. Il le harcelait sans cesse, soit par des dispositions toujours nouvelles de quelques scènes, soit par des allongements ou raccourcissements de quelques vers, soit par des changements qui variaient chaque jour au gré de ses caprices. En quelques mois, il est parvenu à ses fins : faire entendre à toute la cour que La Fontaine n'était pas doué pour ce genre d'exercice.

– Monsieur de La Fontaine était désappointé.

– Désappointé ? C'est un euphémisme !

– Comment cette affaire s'est-elle terminée ?

– Dans l'indifférence générale… D'une pirouette, Lully s'échappe sur l'écriture d'un nouvel opéra et La Fontaine d'endurer une immense déception.

– À ce point !

– Vous n'imaginez pas ! « *Il me fit travailler. Le paillard s'en vint réveiller un enfant à barbe grise* – ainsi se décrit-il –, *qui ne devait en nulle guise être dupe. Il le fut, et le sera toujours.* » Il en écrira une épître :

« *Le Florentin* (c'est Lully)
Montre à la fin
Ce qu'il sait faire :
Il ressemble à ces loups qu'on nourrit, et fait bien,
Car un loup doit toujours garder son caractère,
Comme un mouton garde le sien… »

Boileau voit l'abbé fermer les yeux. Son chapelet fermement tenu entre ses doigts, il l'entend réciter des prières.

Étonné mais respectueux, le critique laisse faire jusqu'à ce que Pouget en ait fini et pose une nouvelle question.

– L'indifférence méprisante de Colbert, disiez-vous ?

– La chose était pourtant une évidence. Comment pouvait-on méconnaître la haine affichée de Colbert à l'encontre de Fouquet ? Un seul homme dans tout le royaume de France n'a pas voulu l'entendre : La Fontaine. En défendant ouvertement le surintendant, il a oublié cette résolution inébranlable de Colbert : ne jamais attribuer une récompense, une gratification ou une pension à celles et ceux qui ont pris fait et cause pour Fouquet. Oh, bien sûr ! La Fontaine a détesté Colbert, je ne saurais trop vous conseiller de vous faire conter *Le Renard et l'Écureuil*[1], une Fable non éditée ; et pour cause : elle prend la défense de l'écureuil – symbole des armoiries de Fouquet – aux dépens du renard Colbert... C'est sans parler de l'épigramme écrite le jour de sa mort qui arrive peu de temps après la maladie du chancelier Le Tellier :

« *Colbert jouissait par avance*
De la place de chancelier,
Et sur cela, pour Le Tellier,
On vit gémir toute la France.
L'un revint, l'autre s'en alla :
Ainsi ce fut scène nouvelle ;
Car la France sur ce pied-là,
Devait bien rire... Ainsi fit-elle. »

Boileau éclate de rire pour la deuxième fois.

– Savez-vous l'incroyable paradoxe de cette histoire entre Colbert et La Fontaine ?

– Non.

1. Cette fable est citée en annexe.

– La Fontaine a succédé au siège de Colbert à l'Académie française!

– Justement, vous me parliez de son accession à l'Académie française.

– Là encore, ce ne fut pas une mince affaire.

Le critique reprend sa respiration.

– À la mort de Colbert, deux personnes ont postulé pour obtenir son siège à l'Académie. Savez-vous qui?

– Monsieur de La Fontaine, bien sûr. Je ne sais point qui est l'autre.

– Moi!

La mine ahurie de Pouget fait éclater de rire Boileau pour la troisième fois.

– Aux yeux de tous, mon élection était assurée. Ma bibliographie était conséquente : l'*Art poétique*, le *Lutrin*, neuf de mes *Satires* et neuf de mes *Épîtres*; ajoutez à cela ma charge d'historiographe du roi, j'avais tous les ornements dignes de son règne. Mon bagage était autrement plus recommandable que les légèretés des Fables ou les gauloiseries de ses Contes. Oui, mais voilà...

– Voilà quoi?

– Contre toute attente, le parti de La Fontaine était si fort à l'Académie qu'il l'emporta.

– L'affaire était réglée.

– Non point, l'abbé, non point! C'était compter sans le secrétaire du roi, Monsieur Rose, qui, voulant annuler l'élection de La Fontaine et ayant l'oreille du monarque, parvint à le convaincre que le nom de La Fontaine «*n'était sorti à l'Académie que dans le bruit et la cabale*». Rien n'était plus faux mais le mal était fait, le roi décida de suspendre cette élection et de la renvoyer à plus tard.

– Jusqu'à quand?

– Bien malin qui pouvait le dire ! Quand on lui demandait s'il fixait une date, vous connaissez la réplique que le roi donne dans les situations qui posent problème : « *Je verrai.* »

– Comment avez-vous réagi ?

– Sauf à entendre que le roi préférait me voir à l'Académie française, je n'étais pas plus avancé. La Fontaine le savait et, pour une fois, il prit une initiative. Afin d'infléchir la décision du roi, il se rendit à Versailles dans l'espoir de le rencontrer au prétexte de lui lire une ballade de sa composition ; en réalité une supplique afin qu'il accepte son élection.

– Et bien ?

Boileau éclate de rire pour la quatrième fois.

– Au moment où le roi passe devant La Fontaine, on le nomme, il fait sa révérence, le roi agrée. Il fouille ses poches à la recherche de son texte mais ne le trouve point… Le monarque amusé attendit quelques instants avant de lui dire : « *Ce sera pour une autre fois Monsieur de La Fontaine.* » Et il passa son chemin

– Quelle négligence !

– Ce n'est rien de le dire.

– L'indécision du roi a duré longtemps ?

– Une éternité, pour La Fontaine comme pour moi d'ailleurs. Six mois se sont écoulés jusqu'à ce qu'un certain Bezons, un des quarante Immortels, nous ait trouvé la solution.

– Laquelle ?

– Il a eu l'excellente idée de mourir. Les deux sièges allaient être ainsi pourvus sans que ni le roi ni l'Académie française ne trouvent rien à redire. Ainsi, personne ne perdait la face.

– Qu'a dit le roi ?

– « *Le choix qu'on m'a fait de Monsieur Despréaux m'est très agréable et sera généralement approuvé. Vous pouvez recevoir incessamment La Fontaine, il a promis d'être sage…* »

– Être sage ?

– Toujours à cause de ses Contes ! La cérémonie de réception de La Fontaine n'a point été chaleureuse. « *Songez, jour et nuit, que vous allez dorénavant travailler sous les yeux d'un prince* [Louis XIV] *qui s'informera des progrès que vous ferez dans les chemins de la vertu.* » L'abbé de La Chambre l'a vigoureusement admonesté à propos des Contes. La Fontaine fit acte de contrition et s'engagea solennellement à ne plus retomber dans ses erreurs passées. En revanche, ma réception fut des plus glorieuses. À cette occasion, La Fontaine nous a lu une de ses dernières Fables, *Le Renard, le Loup et le Cheval*[1]. Elle plut tellement qu'on lui demanda d'en refaire la lecture.

– Vous avez un avis sur les Contes ?

– *À la pudeur près qui y est blessée,* [ils] *ont des grâces et des délicatesses que lui seul est capable de répandre dans un pareil ouvrage.*

*

* *

Les Contes… L'abbé n'a pas encore parcouru une seule ligne du livre que lui a remis La Fontaine et qui a tout d'un brûlot.

Il est plus que temps pour lui d'en faire la lecture.

1. Cette fable est citée en annexe.

20

… Je voudrais pouvoir dire en un style assez haut
Qu'ayant mille vertus vous n'avez nul défaut…
Philémon et Baucis
(Poème dédié au duc de Vendôme)

À la sacristie de l'église Saint-Roch

Dans le silence de la sacristie, la plume crispée de l'abbé Pouget crisse sur le vélin du papier : « La paresse est mère de tous les vices », voilà l'origine de tous les travers de La Fontaine !

Il referme le carnet sur lequel il annote ses impressions sur la confession du vieux poète.

La paresse, cela n'explique pas son goût immodéré pour le libertinage, les femmes corrompues et le plaisir à les décrire dans ses Contes.

Tout à ses réflexions, Pouget sursaute aux coups de galoche assénés à la porte qui donne accès à l'autel. C'est la fin de la messe dominicale. Le chambranle s'ouvre brutalement. L'abbé Coignet, précédé d'une armée d'enfants de chœur, pénètre dans la sacristie.

– Maudits gamins ! Cette porte ne vous a rien fait de mal. Elle n'a que trop souffert de vos coups de pied. Dieu vous a donné deux mains, alors servez-vous-en, que diable !

Des éclats de rire répondent à la réprimande, des cris joyeux et insouciants s'éparpillent aux quatre coins de la sacristie.

L'abbé s'irrite.

– Allez ! Du vent ! Faites place.

La volée de moineaux s'échappe dans la rue. Le silence retombe.

– Ah ! Pouget... La Fontaine. Les choses se passent au mieux à ce que j'entends dire ?

– Cela tombe bien, Monsieur le curé, j'aurais aimé m'entretenir de la chose auprès de vous.

Coignet dépose sa mitre, retire sa croix pectorale et relève le rabat de sa soutane. Le bilboquet qui lui sert de crâne pivote, emmanché sur son cou de coq.

– Taratata ! mon ami, je n'ai guère de temps à consacrer à palabrer sur Monsieur de La Fontaine. Mes « amies » paroissiennes me sollicitent beaucoup en ce moment. Elles aussi ont grand besoin de mon secours et de mon réconfort.

Il se rengorge.

– Il n'est pas improbable que Madame de La Fayette fasse appel à mes services. Vous comprendrez que je ne puis décevoir l'attente de personnes de grand mérite et d'une autre importance que Monsieur de La Fontaine.

Coignet toise son vicaire.

– À propos, Madame de La Sablière est décédée. On se demande où va aller loger votre repentant ?

– Je crois qu'il ne le sait pas lui-même.

– Donne-t-il de l'ardeur à sa confession ?

– Justement. C'est de cela dont je voulais vous entretenir, à mon goût, il en donne trop, sans ambages ni forfanterie.

– Les confessés ne donnent jamais assez d'ardeur ! Monsieur de La Fontaine est comme les autres.

Leurs regards gênés se croisent.

Coignet se rattrape comme il peut.

– Avant la messe, j'ai été abordé par l'abbé Vergier, le secrétaire et le confesseur des d'Hervart. Rappelez-vous, c'est celui qui a intercédé pour que je trouve un confesseur à La Fontaine. Il me dit avoir des révélations à faire sur lui. Voilà qui va donner matière à votre confession. Il vous faut le rencontrer. Je ne l'ai écouté que d'une oreille, mais il semble digne de foi. Pour le reste, ce sera à vous de voir.

Le curé de Saint-Roch recouvre son « bilboquet » d'une aumusse[1], ouvre vivement la porte de la sacristie et bute sur une silhouette qui s'apprêtait à entrer.

– Vous ici. Voilà qui tombe bien, nous parlions justement de vous avec mon vicaire. Entrez ! Je vous laisse en sa compagnie. Moi, je dois m'en aller.

Le claquement brusque de la porte laisse l'abbé Pouget et l'abbé Vergier en tête à tête.

*

* *

Le vicaire découvre l'air audacieux et rempli de certitude de l'abbé Vergier. Celui-ci l'entreprend sans manières, ni façons.

– Savez-vous que La Fontaine est rempli du démon des jeunes filles ?

Décontenancé par la question, Pouget n'a pas le temps de répondre.

– Il est incapable de leur résister ! Vous a-t-il parlé d'Amarante de Beaulieu ?

– Non.

– L'histoire est légère, mais écoutez plutôt, car elle est récente. En la voyant, chez les d'Hervart dans leur maison

1. Coiffure de fourrure en hermine, signe de dignité ecclésiastique.

de Bois-le-Vicomte, il a pris feu… Une fois encore, il s'est montré incapable de résister à une jouvencelle de quinze ans. Sauf que celle-ci n'est point une ingénue ! Car s'apercevant du trouble qu'elle suscite auprès du barbon, elle lui fait mille agaceries qui rendent bonasse ce vieillard de soixante-dix ans !

Vergier s'esclaffe.

– Tandis qu'il s'en retourne à Paris, tout absorbé par ce minois, il croit être sur le bon chemin, mais réalise tardivement son erreur une fois perdu dans le nord de la capitale. La nuit tombe, il pleut à verse et il n'a de choix que celui d'aller dormir dans une mauvaise auberge.

Pouget l'interrompt.

– Vous ne m'apprenez rien sur le caractère distrait du poète. Mais a-t-il péché ?

– Fornication ?

La façon brutale, dont l'abbé Vergier s'exprime, incommode Pouget au plus haut point.

– Si vous le dites, c'est que vous devez le savoir !

– Je ne peux l'affirmer avec certitude. Sauf que la mésaventure se sait et il était de mon devoir d'en informer Madame d'Hervart par un billet dont voici une copie.

Il déplie une feuille qu'il lit.

– *Surtout si Mademoiselle de Beaulieu vient vous rendre visite, et que La Fontaine s'avise d'effaroucher la jeunesse simple et modeste de Mademoiselle de Beaulieu par ses naïvetés et par les petites façons qu'il emploie quand il veut caresser les jeunes filles…*

– Vous en avez aussi fait la remontrance à Monsieur de La Fontaine ?

– Bien sûr.

– Qu'a-t-il répondu ?

– Qu'il ne s'en offusquait pas. Il me l'a écrit : « *Vous pouvez vous en moquer tant qu'il vous plaira, je vous le permets ; et si cette jeune divinité qui est venue troubler mon repos y trouve un sujet de se réjouir, je ne lui en saurai point mauvais gré. À quoi servent les radoteurs qu'à faire rire les jeunes filles.*»

– Voilà qui montre qu'il ne se prend pas au sérieux. Et une fois encore, où a-t-il commis une faute ?

– À vous de voir ! Ce n'est pas moi son confesseur. Je suis juste là pour vous communiquer quelques informations nécessaires à votre mission.

*

* *

– De quel droit venez-vous me raconter tout cela ?

Vergier dédaigne la question.

– Avez-vous entendu parler des frères Vendôme ?

– Un nom connu mais je n'en sais guère plus.

– Erreur ! Il est indispensable que vous sachiez tout de ces deux personnages.

– Pourquoi ?

– À leur contact, La Fontaine a commis des actes inavouables ! J'ai des révélations à vous faire. Vous ne les saurez jamais autrement que par moi.

– Mais est-ce à vous de me les dire ?

– Oui ! Je suis prêtre comme vous. En agissant de la sorte, j'aide mon prochain. J'agis dans l'intérêt de La Fontaine, pour le salut de son âme.

Le ton de Vergier est tellement véhément que Pouget laisse dire.

– Voici ce que j'ai écrit à propos de La Fontaine.

Il déplie une nouvelle feuille de papier.

– *Il se lève au matin sans savoir pour quoi faire. Il se promène, il va sans dessein, sans sujet et se couche le soir sans savoir d'ordinaire ce que dans le jour il a fait.* Tel est

La Fontaine ; avec de telles dispositions, je le crois incapable d'avouer certaines fautes.

Son culot comme son assurance consternent Pouget.

– N'est-ce point là de la délation ?

– Entre prêtres, non !

Voyant la tête de Pouget, Vergier saisit que ce point du code du droit canonique lui a échappé. Il surenchérit.

– Vous devez m'écouter ! Je suis très proche des d'Hervart. Je vous rappelle que c'est par leur entremise et grâce à eux que vous confessez aujourd'hui Monsieur de La Fontaine.

Ce point est le seul que le jeune vicaire admette. Le reste paraît des plus suspects.

– Je vous écoute. Qu'avez-vous à me dire ?

– Les Vendôme sont deux frères, des bâtards d'Henri IV. L'aîné, Louis-Joseph, est duc et pair de France. On le dit brave à la guerre, mais c'est la seule qualité que j'ai entendue sur son compte. Pour le reste, que des reproches ! Le diable fait homme ! Athée, blasphémateur et débauché. Ce sont là les fondements qui l'animent au point de tirer vanité de toutes ses frasques. Au lit, il dort avec des chiens et des chiennes qui y font leurs petits. À l'armée, il se met sur sa chaise percée afin d'y donner ses ordres. Il a accoutumé ses officiers à cette infamie. Là, il y déjeune avec deux ou trois familiers ; mangeant comme quatre, il « rend » tout d'autant, soit en continuant à manger, soit en écoutant ; et toujours force de spectateurs debout. Ce gros mangeur a des goûts particuliers : seuls les poissons puants et les viandes faisandées lui conviennent. Aussi, il « rend » beaucoup sur sa chaise percée ! Quand le bassin est plein à répandre, on le tire et on le passe sous le nez de toute la compagnie pour l'aller vider, et souvent plus d'une fois ! Le même bassin dans lequel il vient se soulager, sert à lui faire la barbe. Selon lui, c'est une simplicité de mœurs digne des premiers Romains. À force d'orgies, le duc de Vendôme doit aujourd'hui suer sa vérole qu'il traite au sel de mercure... Des années durant, il a eu pour maîtresse la duchesse de Bouillon, une débauchée que cette femme !

– Celle-là même qui dit apprécier les Contes de La Fontaine...

– Oui ! Le pire est que cette femme est sa propre tante, la sœur de sa mère ! Madame de Sévigné en est offusquée : « *La duchesse de Bouillon alla demander un peu de poison pour faire mourir ce qu'elle avait et qui la faisait mourir d'ennui* [son mari, le duc de Bouillon] *; et une invention pour épouser un jeune homme qu'elle menait sans que personne le sût. Ce jeune homme était Monsieur de Vendôme...* »

– En plus d'être l'amante de son neveu, elle a voulu empoisonner son mari !

Pouget est bouche bée. Vergier se gausse.

– Songez que l'un comme l'autre sont des proches de La Fontaine ! Maintenant, parlons du second des Vendôme, Philippe, le grand prieur de l'ordre de Malte. Celui-là vit confiné dans son hôtel du Temple. Non seulement, il a tous les vices de son frère, mais il a en plus d'être au poil et à la plume... J'ajouterai qu'il ne se couche le soir que porté ivre mort dans son lit, un principe auquel il ne déroge jamais !

Le vicaire en a la nausée.

– Mais pourquoi me parlez-vous de ces deux monstres ?

– Les deux frères se sont entichés de La Fontaine.

– Que voulez-vous dire ?

– Invité par eux, il se rend à leurs beuveries du Temple. Croyez que le vieux sybarite ne s'est jamais fait prier !

– Comment le savez-vous ?

– Posez-lui la question !

– Mais pourquoi fait-il cela ?

L'autre, la bouche en cul de poule, écarte les bras en signe d'évidence.

– On ne compte plus toutes les Chloris que les frères Vendôme invitent pour l'occasion et qu'ils abandonnent volontiers à leurs aimables hôtes.

– Chloris ?

– Courtisanes ou filles d'auberge… La Fontaine n'a que l'embarras du choix ! Quand je vous dis qu'il est rempli du démon des jeunes filles !

– Dites-vous vrai ?

– Oui ! Jamais Paris n'a connu une société de gens aussi corrompue que celle-là. On y fait merveille de rire, de boire et de chanter ; des soupers qui se transforment vite en orgies. Rendez-vous compte que le vieillard que vous confessez prend part à ces débauches, entouré de nymphes de vingt ans !

Pouget semble incrédule.

– Vous avez tort de douter ! Ce que je dis est aussi vrai que je vous vois. Mais il y a pire encore. Les Vendôme obligent leurs invités à faire preuve d'esprit durant ces nuits de débauche et jettent leurs écus à ceux capables d'un bon mot ou d'un sonnet. Hé oui ! Se vautrer dans la luxure et le dévergondage a son prix, il faut payer son écot en verve et en drôleries. La Fontaine n'en réchappe pas. Il est dans une telle misère qu'il se prête à ce jeu infâme. Sauf que ses vers vacillent et parfois il dit n'importe quoi… Voilà comment survit La Fontaine depuis ces deux, trois dernières années ! Un mendiant jovial… Quelle répugnance ! Quelle humiliation de devoir se livrer à des jeux qui ne sont plus de son âge ! Et que dire quand il est obligé de quémander son argent en vers parce que Chaulieu, le comptable des Vendôme, oublie de le lui verser : « *L'abbé m'a promis quelque argent. Amen, Et le ciel le conserve !* » N'est-ce point utile que je vous rapporte ces faits ?

Le jeune vicaire, quelque peu sonné, répond par une question :
– Doit-on s'en indigner ou le plaindre ?
Un silence pesant s'ensuit.
Pouget, en proie au doute, tente de deviner Vergier.
– Comment pouvez-vous être aussi bien informé ?
– Pour avoir été, moi aussi, au Temple.
– Vous vous êtes rendu dans ce lieu de débauche…
– Assurément.

*
* *

Vergier s'apprête à quitter la sacristie.
– Vous savez tout, à vous d'en faire bon usage.
Il fait mine de réfléchir, puis récite :
– « *Ô combien l'homme est inconstant, divers,*
Faible, léger, tenant mal sa parole !
J'avais juré hautement en mes vers
De renoncer à tout Conte frivole.
Et quand juré ? c'est ce qui me confond… »
Quelques vers d'un des Contes de La Fontaine. N'est-ce pas bien dit ? Car figurez-vous qu'en dépit de sa promesse faite à l'Académie française, il a pleinement trahi son serment. Il a écrit de nouveaux Contes…

À peine l'autre sorti, l'abbé se précipite sur une besace d'où il retire le livre de Contes de La Fontaine.

21

... On en va mieux quand on va doux.
Le sexe suit cette sentence.
Jamais de bruit pour la quittance...
Les Frères de Catalogne (Conte)

Au couvent des Feuillants, rue Saint-Honoré

L'ouvrage s'aplatit lourdement sur la table. Bien qu'une partie des lettres dorées inscrites sur la tranche soit effacée, La Fontaine peut encore lire le titre : *Contes et Nouvelles en vers.*

– À votre air marri, l'abbé, vous me semblez en avoir fait la lecture...

Pouget se tait ; les bras croisés, le visage fermé et les lèvres pincées, il arpente la pièce de long en large. Depuis son fauteuil, La Fontaine se redresse et réchauffe ses mains décharnées devant les flammes de l'âtre. Soudain, l'abbé s'arrête net devant la bibliothèque et inspecte les livres disposés de guingois.

– N'est-ce point là le livre dont le surintendant était friand ?

– Lequel ?

– *L'École des filles.*

– Oui.

– Cet ouvrage est fort scandaleux !

– On le dit.

– Un de ces livres dont le contenu graveleux laisse pantois.

– Sans doute.

Pouget s'empare du livre et le tend à La Fontaine.

– Jetez-le sur-le-champ.

– Où ?

– Dans le feu !

Nullement offensé, La Fontaine hausse une épaule et s'exécute. Il observe les flammes lécher le cuir de la couverture.

Le confesseur se tient coi, le front plissé et les yeux baissés. Ses mains croisées sont si serrées que ses phalanges blanchissent. En cet instant, l'abbé Pouget est à l'image de son Seigneur – du moins, il veut l'être –, de celui qui porte le fardeau des péchés du monde. Il est vrai que le pénitent dont il a charge d'âme est une énorme prise.

L'abbé affaisse lourdement ses épaules et se racle la gorge

– Je voudrais vous faire part de mon effarement, de mon accablement, de ma consternation et que sais-je encore ! à la lecture de vos *Contes et Nouvelles*.

– Alors, agissez comme pour celui-ci.

La Fontaine désigne le livre qui commence à se consumer.

– Ce serait trop simple !

Pouget reprend sa respiration.

– Monsieur de La Fontaine, comment avez-vous pu écrire pareille chose ?

Le vieillard soupire.

– J'imaginais votre réaction, que pouvais-je espérer d'autre ? Mais que puis-je vous répondre ? Sachant la licence et l'immoralité qui risquaient de heurter certains, j'ai pris la précaution de l'indiquer dans ma préface.

– C'est bien là tout le mal ! Vous l'avez donc écrit en toute connaissance de cause.

– Ma naïveté doit aveugler ma lucidité.

– Monsieur de La Fontaine, ne jouez pas avec moi, voulez-vous ! Je vous rappelle que je vous confesse. Ce livre est d'une très grande gravité. Qu'avez-vous à répondre d'un tel acte ?

– Je n'y vois que polissonneries et facéties.

– Mais tous les textes sont chargés de connotations scabreuses et infamantes ! Rien de pire que la suggestion qui sème intentionnellement les germes du vice et de la débauche.

– *Qui pense finement et s'exprime avec grâce*
Fait tout passer : car tout passe...
Vous ne faites rougir personne,
Et tout le monde vous entend.

– Que dites-vous là ?

– Ce sont quelques-uns de mes vers. Je vous mets au défi de trouver un mot malsonnant dans l'un de mes Contes. Ce n'est point un hasard s'ils ont rencontré autant de succès. Chapelain me l'a écrit : « *Vous y avez damé le pion au Boccace... Je n'ai jamais trouvé en aucun écrivain de nouvelles tant de pureté, tant de gaieté... Votre préface se sent bien de votre érudition et de l'usage que vous avez du monde... Je ne crois pas qu'on doive jamais renoncer à un travail où on réussit comme vous faites... Si j'étais à votre place, je me délasserais quelquefois de mes études graves entre les bras de ces Muses gaillardes qui vous traitent si favorablement.* »

– « Entre les bras de ces Muses gaillardes » ! Et vous prenez cette « action de grâce » de Monsieur Chapelain comme un satisfecit ?

– La marquise de Sévigné, qui dit tant de bien de mes Fables, dit aussi la même chose des Contes. Par exemple, elle a trouvé charmants *Les Oies du frère Philippe*, *Les Rémois* et *Le Petit Chien.*

Pouget, les yeux exorbités, prend sur lui.

– Parce que vous pensez que Monsieur Chapelain et la marquise de Sévigné peuvent infléchir le sentiment de notre sainte Église ?

Songeant aux confesseurs de Louis XIV et aux prédicateurs de la cour qui n'ont jamais rien trouvé à redire – ou si peu – aux innombrables maîtresses et enfants illégitimes du roi, La Fontaine se retient de répondre par l'affirmative.

– Si vous le voulez bien, l'abbé, élevons le débat. Puisque nous sommes en confession, je vous avoue que les Contes, qui ont connu un grand succès, étaient pour moi l'espoir secret de ma célébrité. J'y suis encore plus attaché qu'à mes Fables. Dans les salons, j'ai trouvé force prôneuses. Je ne compte plus ces dames de la haute noblesse si impatientes d'entendre un Conte, pouffant derrière leur éventail et m'applaudissant à tout rompre de n'entendre chose qui effleure leur pudeur, alors que celle-là même est bafouée… je le reconnais ! Que l'on blâme les Contes ou que l'on approuve leur licence, tous les cénacles littéraires s'accordaient à trouver ici plus d'esprit que dans les Fables.

– Vous pensez que les inspirateurs de vos Contes, la duchesse de Bouillon, Madame Ulrich, Mademoiselle de Champmeslé ou les Vendôme sont d'incontournables maîtres en littérature !

Sans attendre de réponse, l'abbé attrape le livre.

– Ce goût prononcé de vouloir assaisonner de salacité goguenarde vos histoires de cuissage !

Il l'ouvre au hasard.

– *La Joconde*, par exemple, quatre personnes couchées dans un même lit ! Et dire que vous avez écrit et dédié ce Conte à la duchesse de Bouillon alors tout juste âgée de quinze années !

– Quand ce Conte a été édité, on a mal mesuré mon audace littéraire et la nouveauté que cela a représentée.

– Peu m'importe. Je vois surtout que vous contez la chose avec une telle allégresse que vous parvenez à faire passer le plus audacieux des dévergondages pour un amusement innocent. Certains disent talent, moi je dis perversité !

L'abbé tourne les pages les unes après les autres.

– Plus on avance et plus les textes sont grivois.

– Rabelais et Marot m'ont largement précédé.

– Ce n'est pas une raison.

– Depuis le Moyen Âge, les contes sont une tradition française. Je n'ai rien inventé sauf à remettre ces gauloiseries au goût du jour.

– « Des gauloiseries remises au goût du jour » ! Les Contes ne sont qu'une invite à la débauche. Le procureur du roi, La Reynie, assailli de plaintes, ne s'y est pas trompé ! Son arrêt pour interdire le livre est éloquent : « *Attendu que ce petit livre est imprimé sans privilège ni permission, qu'il se trouve rempli de termes indiscrets et malhonnêtes dont la lecture ne peut avoir d'autre effet que celui de corrompre les bonnes mœurs et d'inspirer le libertinage.* »

– C'était lors de l'édition des *Nouveaux Contes*. Le plus curieux est que je n'ai eu aucune remontrance lors de la sortie du premier recueil des Contes.

– Qu'en concluez-vous ?

– Que les plaintes entendues par La Reynie n'étaient que mesquineries et jalousies. D'ailleurs, son arrêt n'a été suivi d'aucun effet, on m'a laissé en paix alors que les ventes décuplaient grâce au tirage fait depuis Amsterdam.

L'abbé explose.

– À chacune de vos pages, ce ne sont que femmes troussées ou maris cocus. Que de scènes suggestives et de postures scabreuses ! Dieu préserve les jeunes cœurs d'une telle lecture ! Puis, cette façon que vous avez de traiter les femmes : « *La dame s'était mise en un habit à donner de l'amour* »... « *Dix jeunes femmes bien payantes, frisques, gaillardes et attrayantes* »... « *Sa femme était encore de bonne affaire...* »

– Je reconnais que je ne suis pas toujours bienveillant à leur égard.

– Vous les montrez sous un jour peu flatteur. Ce ne sont que des débauchées, des roublardes, des hypocrites ; et par-dessus tout, au-delà de douze ans, plus de virginité…

– Cependant, elles sont toujours avenantes.

La Fontaine a réponse à tout.

– C'est assez, Monsieur !

– *Tout y sera voilé, mais de gaze…*

– « Voilé de gaze » ! Mais les Contes ne sont que trop transparents… Ce ne sont que des rencontres de sexes aux creux des cloîtres, des erreurs de couchage, des cocuages concertés, c'est tout cela qui est « voilé de gaze » !

– Comme vous y allez ! N'avez-vous point ressenti l'attention que j'ai portée à la théâtralité de mes vers : suspensions, attentes déjouées, suggestions équivoques, dialogues simulés avec un interlocuteur fictif, ou mon incursion quand je donne une opinion sur la chose ?

L'abbé fulmine.

– Une opinion sans vergogne ! Et c'est peu dire que vous insultez les représentants de l'Église ! On ne compte plus tous ces moines, ces ermites, ces nonnes et ces abbesses que vous entraînez dans le stupre et la paillardise… Par exemple, *Les Frères de Catalogne*.

– Oui, ce sont des moines – *les frères dîmés* – qui exercent un droit de cuissage sur leurs pénitentes, les *dames dîmées*. Il est vrai que ces dames font parfois assaut de zèle pour payer leur part…

– Jusqu'à l'une d'elles qui paye tellement d'avance qu'elle provoque le désordre dans le monastère !

Pouget se signe.

– Que se passe-t-il dans votre tête pour écrire de telles ignominies ?

Pris dans le souvenir de l'élaboration de ses vers, La Fontaine ne prête plus attention à l'abbé.

– Je suis assez satisfait de la façon que j'ai conté les malices hardies de l'ermite Luce :

Dame Vénus – dame Luxure – *et Dame Hypocrisie,*
Font parfois de bons coups…

« L'ermite Luce, qui *sous sa houppelande logeait le cœur d'un dangereux paillard* mais qui *au demeurant faisait le cafard* – l'hypocrite – le temps de rencontrer une veuve et sa fille fort sage, ingénue et pucelle encore. Et qu'il s'en va la nuit les réveiller d'un coup de cornet par le trou d'un mur en se faisant passer pour un envoyé de Dieu :

Réveillez-vous créatures de Dieu
Toi femme veuve et toi fille pucelle […]
Que de ta fille il ait la compagnie ;
Car d'eux doit naître un pape dont la vie
Réformera tout le peuple chrétien.
[…]
Lui prit d'abord son joli bras d'ivoire,
Puis s'approcha, puis en vint au baiser,
Puis aux beautés que l'on cache à la vue.
Puis le galant vous la mit toute nue…

« Ce qui viendrait d'une telle grossesse ? La signora mit au monde une fille. La conclusion est amusante, n'est-ce pas ? Au fond, tout ceci attise plus les esprits qu'une simple étreinte dans un lit, de quoi faire rire la Gaule, des chaumières jusqu'aux châteaux.

– Croyez-vous que l'élégance du ton vous sauve du vice alors qu'on y est jusqu'au cou ? Assez, Monsieur de La Fontaine ! C'est assez ! Vos priapées sont une véritable confession : vous apparaissez à toutes les lignes.

– Vous voyez juste. Tout cela me ressemble. J'en suis si conscient que j'ai mis certains Contes de côté, jugés trop osés…

– Que me chantez-vous là ?

– Je me souviens par exemple d'un conte d'*Abstémius* que j'avais retravaillé. C'est l'histoire d'un confesseur qui, auprès de cinq jeunes religieuses, donne beaucoup plus que l'absolution…

L'abbé manque de s'étrangler.

– Où est ce Conte ?

– Je ne sais. Il traîne peut-être chez Boileau ou Racine qui l'avaient lu et qui m'avaient dissuadé de le faire imprimer.

– En dépit des remontrances de l'Académie française, vous avez continué à écrire de nouveaux Contes.

– Cinq. *La Clochette*, *Le Fleuve Scamandre*, *La Confidente sans le savoir*, *Le Remède* et *Les Aveux indiscrets*. On vous a bien renseigné ! Sans doute Maucroix à qui je l'ai écrit.

– Non, ce n'est pas lui.

Pouget trépigne, ne voulant pas évoquer le nom de l'abbé Vergier. Il songe aux frères Vendôme.

– Pour ce qui est de la débauche, vous avez eu aussi votre compte ?

La Fontaine répond par une moue.

– Si vous me le permettez, plus que le mot « débauche », je préfère celui d'amour.

– Vous faites la différence !

– C'est qu'en la matière, je fais d'abord commerce d'esprit avant de faire commerce des sens.

L'abbé ne se contient plus.

– Monsieur de La Fontaine, vous avez le vertige de la canaille ! Vous trouvez une volupté à l'avilissement ! C'est pour vous une véritable jouissance que de vous vautrer dans la débauche, c'en est autant que celle d'écrire des histoires obscènes et tenir des propos salaces… Et puis, que faisiez-vous chez les Vendôme au Temple ?

La Fontaine farfouille sa mémoire, l'autre croit à une dérobade.

– Répondez !

– Cela me revient. C'était comme le disait Chapelle.

– C'est-à-dire ?

– C'était mon jour de bordel.

À la hargne grimaçante qui transparaît sur le visage de l'abbé Pouget, La Fontaine réalise qu'il enrage.

– Une dernière chose, l'abbé : de ma vie, je n'ai songé à tromper en rien ni Dieu, ni les hommes.

Le saint viatique, ce 12 février 1693

22

… Du surplus (honni soit celui qui mal y pense)
Je me plais aux livres d'amour…
Contes et Nouvelles (Première partie, XIII. Ballade)

Au couvent des Feuillants, rue Saint-Honoré

Ce 12 février est jour de marché. Tout à l'entour du parvis de l'église Saint-Roch, les étals, imbriqués les uns dans les autres, forment un désordre à la mesure d'un étrange concert, celui de voix éraillées et dissonantes qui n'ont de cesse de s'époumoner. Les harengères revendent des anguilles encore vivantes ou des huîtres à l'écaille empilées dans leurs brancards. Leurs criailleries se mêlent à celles des paysannes portant leurs paniers d'œufs tandis que les marchandes d'eau-de-vie ou de beignets jacassent autour de vieux fourneaux qui enfument et noircissent les façades de la rue Saint-Honoré. Tout ce petit monde va et vient. À cause du froid, il se tient blotti et se réchauffe à force de lampées d'eau-de-vie. Les savetiers coassent, les ravaudeuses miaulent, les fripiers aboient et les marchands de peaux de lapins piaillent. Pourtant, au tintement d'une clochette à peine audible, la frénésie générale retombe d'un coup.

Depuis le parvis de l'église, une procession descend les escaliers. Des enfants de chœur, un énorme cierge en main, précèdent un dais porté par le bedeau. L'abbé Pouget, l'air grave et recueilli, les suit. Revêtu d'une étole et d'un surplis blanc, il tient pieusement entre les mains, la sainte eucharistie et un ciboire.

Une députation de l'Académie française, suivie de personnes de qualité et d'esprit, ferme la marche.

La foule s'agenouille et se signe au passage de la procession. C'est le viatique que l'on apporte à un mourant.

*

* *

Ce 12 février est le premier jeudi de carême. Jean de La Fontaine est alité depuis quelques jours. La fièvre l'affaiblit considérablement.

L'abbé Pouget, constatant que sa maladie allait augmentant, s'est empressé auprès de la Faculté. Le diagnostic des médecins – une fois n'est pas coutume – est unanime et formel : La Fontaine n'a plus longtemps à vivre.

Il est plus que temps d'administrer les derniers sacrements. Sauf que…

Sauf qu'après les révélations d'un tel pénitent, il n'est point question de donner l'absolution sans contrepartie.

Si l'abbé est à peu près convaincu de la contrition du poète, quel acte de pénitence celui-ci doit-il accomplir afin de retrouver le droit chemin ?

*

* *

Ce 12 février, la procession s'entasse du mieux qu'elle peut aux quatre recoins de la chambre aux bustes. L'endroit est trop exigu pour tout ce monde.

Dès lors qu'il amène le saint sacrement, l'abbé Pouget a demandé que la pièce soit propre. Ce ne fut pas sans mal.

Tandis que l'on transporte Jean de La Fontaine de son lit au fauteuil recouvert d'un linge blanc, l'abbé dispose sur une table un crucifix, deux chandeliers, un bénitier et un aspersoir.

L'air pénétré, il se redresse et attend. L'assemblée fait silence. On baisse le nez, on croise les bras. Pouget ouvre son missel et lit les prières du Rituel.

Dans son fauteuil, plus ratatiné que jamais, le vieux poète a le visage émacié, marqué par la souffrance. Il donne l'impression d'être à demi somnolent.

L'abbé se retourne vers lui et adresse, selon l'usage, une courte exhortation puis tend une feuille que le poète déchiffre avant de commencer à lire.

– *Messieurs, je vous ai priés d'être là pour être les témoins de l'action que je vais faire.*

Le ton est rauque.

– *Il est d'une notoriété qui n'est que trop publique que j'ai eu le malheur de composer un livre de Contes infâmes...*

La voix se casse.

– *En le composant, je n'ai pas cru que ce fût un ouvrage aussi pernicieux qu'il l'est, on m'a sur cela ouvert les yeux...*

Il jette un regard furtif sur Pouget. Celui-ci se tient roide, le front plissé et les mains croisées sur le collier de son chapelet.

– ... *Et je conviens que ce livre est abominable. Je suis très fâché de l'avoir écrit et publié. J'en demande pardon à Dieu, à l'Église, à vous, Monsieur, qui êtes son ministre...*

Pouget salue et se signe.

– ... *À vous, Messieurs de l'Académie, et à tous ceux qui sont ici présents.*

L'assemblée fait le signe de croix.

– … *Je voudrais que cet ouvrage ne fût jamais sorti de ma plume et qu'il fût en mon pouvoir de le supprimer entièrement…* »

La Fontaine pleure. Il lâche la feuille. Dans un silence pesant, elle glisse dans l'espace, une sorte de va-et-vient, avant de se poser en douceur devant l'âtre de la cheminée.

L'abbé exulte.

– *Monsieur* [de La Fontaine], *ce que vous venez de faire est une satisfaction nécessaire que l'Église a exigée de vous, pour pouvoir vous admettre à la participation des sacrements…*

Il se rengorge.

– *Cependant, vous ne réparez pas tout le mal qu'a fait et que fera dans la suite des siècles l'infâme livre dont vous êtes l'auteur. Néanmoins, l'Église s'en contente parce qu'il n'est pas en votre pouvoir de faire plus, et que, conduite par l'esprit de Dieu, elle ne demande pas l'impossible…*

La Fontaine est retombé dans une demi-somnolence. Pouget se met à déclamer :

– *Vous conserverez sans doute toute votre vie une vive douleur de voir qu'il n'est plus en votre pouvoir de supprimer entièrement un livre si détestable, répandu partout. Cette pensée doit vous faire rentrer dans les sentiments d'une profonde humiliation, à la vue des crimes qui se commettront par la lecture d'un tel livre…*

Il pointe du doigt le poète.

– *Humiliez-vous profondément en présence de votre Sauveur que vous allez recevoir de ma main…*

D'un geste théâtral, il croise les doigts et commence son absolution.

– Ego te absolvo et restituo te uniati et communioni fidelium et sanctis Ecclesiae sacramentis…

*

* *

Ce 12 février, l'abbé Vergier présent parmi les gens « de qualité et d'esprit » de l'assemblée – il est persuadé d'en être –, compte parmi les premiers à quitter le logis de La Fontaine.

La renonciation du poète le dérange. Comment a-t-il pu accepter ce reniement ? Comment a-t-il pu se faire à cette idée, sachant toute l'importance qu'il accorde à ses Contes ? La crainte de la mort et de l'Enfer ?

L'abbé Pouget s'est montré impitoyable. S'il survit, La Fontaine s'engage à mettre son talent à la réalisation d'ouvrages religieux et à consacrer le restant de sa vie à des exercices de piété. C'est sans compter une comédie écrite l'année précédente : sous prétexte qu'elle n'était pas pieuse, Pouget a exigé qu'on la brûle séance tenante[1].

L'abbé Vergier est outré. Voici une religion – la sienne – qui humilie bien plus ceux qui l'écoutent que ceux qui la prêchent !

*

* *

Le reniement de La Fontaine a un fort retentissement dans tout Paris et résonne dans les couloirs de Versailles. Le duc de Bourgogne – le petit-fils de Louis XIV, âgé de onze ans – en est grandement édifié.

Il fait envoyer un gentilhomme pour le féliciter de *cette action qui lui* [à La Fontaine] *fait beaucoup d'honneur devant Dieu et devant les hommes.* À cette occasion, l'enfant ordonne de remettre au fabuliste une bourse de cinquante louis d'or.

1. Des personnes, à qui il l'avait fait lire, l'avaient trouvée excellente. On ne saura donc rien de cette comédie, pas même le titre.

1693-1695

Le temps de la fin

23

Rue Platrière, chez Monsieur et Madame d'Hervart

Deux mois se sont passés. En ce mois d'avril 1693, le printemps est là, la nature reprend le dessus, La Fontaine aussi.

Il va mieux, beaucoup mieux. Il se sent si bien qu'il retourne régulièrement suivre les séances de l'Académie française. Miracle ou rédemption ? La Faculté se fait discrète, elle réserve son diagnostic.

Les soucis sont-ils pour autant envolés ? Non. À la suite du décès de Madame de La Sablière, il doit maintenant quitter son logement de la rue Saint-Honoré. Où aller ? Il n'en a pas la moindre idée. C'est bien l'unique objet de son ressentiment depuis ces dernières semaines.

Aidé de sa canne, il se dirige vers l'Académie française.

– Monsieur de La Fontaine.

Le vieux poète se retourne sur une voix essoufflée.

– Ah ! Monsieur d'Hervart.

L'homme, qui l'a rejoint au pas de course, lui prend résolument le bras.

– Je suis fort aise de vous découvrir en meilleure santé.

– Croyez que je le suis tout autant !

– Pour tout vous dire, je vous cherche depuis ce matin.

– Et pourquoi donc ?

Cette relation proche du fabuliste reprend sa respiration.

– *Ma femme et moi, nous vous offrons l'hospitalité de l'amitié. Nous vous prions de venir demeurer avec nous*, dans notre hôtel rue Platrière[1].

Un joli sourire illumine le faciès ridé du vieux poète, d'un coup perce son regard malicieux de jadis.

– *Voilà qui tombe à merveille, j'y allais…*

1. Aujourd'hui rue Jean-Jacques-Rousseau.

24

Le 13 avril 1695

Ce jour-là meurt Jean de La Fontaine. L'abbé Pouget, en province, ne l'assistera pas et ne sera pas présent à son enterrement.

Deux mois avant sa mort, La Fontaine écrivait à Maucroix que *« mourir n'est rien mais songes-tu que je vais comparaître devant Dieu ? Tu sais comme j'ai vécu »*...

Il venait quotidiennement prier à l'église Saint-Eustache.

Sur son lit de mort, dans la chambre qu'il occupe dans l'hôtel d'Hervart, les témoins découvrent le cilice qui enserre son corps.

Stupeur.

*

* *

Extrait paroissial de Saint-Eustache :

« Le jeudi 14e, défunt Jean de La Fontaine, un des quarante de l'Académie française, âgé de soixante-seize ans [sic], *demeu-*

rant rue Platrière, à l'hôtel Derval [sic], *décédé le 13e du présent mois, a été inhumé au cimetière des Saints-Innocents. Signé Chandelet.* »

Paris, juin 2012

Annexes

Trois Fables

Comparaison entre Phèdre et La Fontaine sur la Fable *Le Coche et la Mouche* par Hippolyte Taine[1]

« La Fontaine ne décrit pas seulement les mouvements de l'âme. Il sent que l'imagination de l'homme est toute corporelle ; que pour comprendre le déploiement des sentiments, il faut suivre la diversité des gestes et des attitudes, que nous ne voyons l'esprit qu'à travers le corps. Pour sentir l'importunité de la mouche, il faut être importuné de ses allées, de ses venues, de ses piqûres, de son bourdonnement. Phèdre ne nous apprend rien quand il met sa critique en sermon.

"Une mouche se posa sur le timon, et gourmandant la mule : Que tu es lente ! dit-elle ; ne veux-tu pas marcher plus vite ! Prends garde que je ne te pique le col avec mon aiguillon. L'autre répondit : Je ne m'émeus pas de tes paroles ; celui que je crains est l'homme qui, assis sur le siège devant, gouverne mon joug de son fouet flexible, et retient ma bouche par le fouet écumant. C'est pourquoi laisse là ta sotte insolence. Je sais quand il faut partir et quand il faut courir."

Au contraire ici [chez La Fontaine], la critique est en action et le ridicule palpable, parce que la sottise tombe du moral dans le physique, et que l'impertinence des pensées et des sentiments devient l'impertinence des gestes et des mouvements. »

1. *Essai sur les Fables de La Fontaine*, Hyppolite Taine, Paris, Veuve Joubert, 1853.

Le Coche et la Mouche

Dans un chemin montant, sablonneux, malaisé,
Et de tous les côtés au soleil exposé,
Six forts chevaux tiraient un Coche.
Femmes, Moine, vieillards, tout était descendu.
L'attelage suait, soufflait, était rendu.
Une Mouche survient, et des chevaux s'approche ;
Prétend les animer par son bourdonnement ;
Pique l'un, pique l'autre, et pense à tout moment
Qu'elle fait aller la machine,
S'assied sur le timon, sur le nez du Cocher ;
Aussitôt que le char chemine,
Et qu'elle voit les gens marcher,
Elle s'en attribue uniquement la gloire ;
Va, vient, fait l'empressée ; il semble que ce soit
Un sergent de bataille allant en chaque endroit
Faire avancer ses gens, et hâter la victoire.
La Mouche en ce commun besoin
Se plaint qu'elle agit seule, et qu'elle a tout le soin ;
Qu'aucun n'aide aux chevaux à se tirer d'affaire.
Le Moine disait son bréviaire ;
Il prenait bien son temps ! Une femme chantait ;
C'était bien de chansons qu'alors il s'agissait !
Dame Mouche s'en va chanter à leurs oreilles,
Et fait cent sottises pareilles.
Après bien du travail, le Coche arrive au haut.
Respirons maintenant, dit la Mouche aussitôt :
J'ai tant fait que nos gens sont enfin dans la plaine.
Ça, Messieurs les Chevaux, payez-moi de ma peine.
Ainsi certaines gens, faisant les empressés,
S'introduisent dans les affaires :

Ils font partout les nécessaires,
Et, partout importuns, devraient être chassés.

Le Renard, le Loup et le Cheval

(Fable composée pour la réception de Boileau à l'Académie française)

Un renard, jeune encor, quoique des plus madrés,
Vit le premier Cheval qu'il eût vu de sa vie.
Il dit à certain Loup, franc novice : Accourez :
Un animal paît dans nos prés,
Beau, grand ; j'en ai la vue encor toute ravie.
– Est-il plus fort que nous ? dit le Loup en riant.
Fais-moi son portrait, je te prie.
– Si j'étais quelque peintre ou quelque étudiant,
Repartit le Renard, j'avancerais la joie
Que vous aurez en le voyant.
Mais venez. Que sait-on ? peut-être est-ce une proie
Que la Fortune nous envoie.
Ils vont ; et le Cheval, qu'à l'herbe on avait mis,
Assez peu curieux de semblables amis,
Fut presque sur le point d'enfiler la venelle.
Seigneur, dit le Renard, vos humbles serviteurs
Apprendraient volontiers comment on vous appelle.
Le Cheval, qui n'était dépourvu de cervelle,
Leur dit : Lisez mon nom, vous le pouvez, Messieurs :
Mon Cordonnier l'a mis autour de ma semelle.
Le Renard s'excusa sur son peu de savoir.
Mes parents, reprit-il, ne m'ont point fait instruire ;
Ils sont pauvres et n'ont qu'un trou pour tout avoir.

Ceux du Loup, gros Messieurs, l'ont fait apprendre à lire.
Le Loup, par ce discours flatté,
S'approcha ; mais sa vanité
Lui coûta quatre dents : le Cheval lui desserre
Un coup ; et haut le pied. Voilà mon Loup par terre
Mal en point, sanglant et gâté.
Frère, dit le Renard, ceci nous justifie
Ce que m'ont dit des gens d'esprit :
Cet animal vous a sur la mâchoire écrit
Que de tout inconnu le Sage se méfie.

Le Renard et l'Écureuil
(Fable non recueillie)

Les fables *Le Lièvre et la Perdrix* et *Le Renard et l'Écureuil* ont leurs quatre premiers vers à l'identique.
Était-ce pour La Fontaine une façon de régler son compte à Colbert (le renard) et défendre Fouquet (l'écureuil, emblème de ses armoiries) ? Ces vers communs font penser que cette Fable est de La Fontaine, mais certains le contestent.

Il ne se faut jamais moquer des misérables,
Car qui peut s'assurer d'être toujours heureux ?
Le sage Ésope dans ses fables
Nous en donne un exemple ou deux ;
Je ne les cite point, et certaine chronique
M'en fournit un plus authentique.
Le Renard se moquait un jour de l'Écureuil
Qu'il voyait assailli d'une forte tempête :
Te voilà, disait-il, près d'entrer au cercueil

Et de ta queue en vain tu te couvres la tête.
Plus tu t'es approché du faîte,
Plus l'orage te trouve en butte à tous ses coups.
Tu cherchais les lieux hauts et voisins de la foudre :
Voilà ce qui t'en prend ; moi qui cherche des trous,
Je ris, en attendant que tu sois mis en poudre.
Tandis qu'ainsi le Renard se gabait (se moquait),
Il prenait maint pauvre poulet
Au gobet (au gosier) ;
Lorsque l'ire du Ciel à l'Écureuil pardonne :
Il n'éclaire plus, ni ne tonne ;
L'orage cesse ; et le beau temps venu
Un Chasseur ayant aperçu
Le train de ce Renard autour de sa tanière :
Tu paieras, dit-il, mes poulets.
Aussitôt nombre de Bassets
Vous fait déloger le compère.
L'Écureuil l'aperçoit qui fuit
Devant la meute qui le suit.
Ce plaisir ne lui dure guère,
Car bientôt il le voit aux portes du trépas.
Il le voit ; mais il n'en rit pas,
Instruit par sa propre misère.

Personnages évoqués dans le livre, contemporains proches ou amis de La Fontaine

Isaac de Benserade (v.1612-1691)

Poète, librettiste et dramaturge, il entre à l'Académie française dix ans avant La Fontaine.

Son jugement sur ce dernier (au moment de l'intronisation de La Fontaine à l'Académie française) :

« La Fontaine à qui longtemps
Malgré des dons éclatants
La fortune fut contraire
Est enfin récompensé. »

François Bernier (1620-1688)

Comme La Fontaine, il loge chez Madame de La Sablière. Bernier, que le fabuliste apprécie, est un personnage célèbre en son temps. Élève de Pierre Gassendi, grand voyageur à travers le monde (chose rare à cette époque), il est philosophe, scientifique et médecin.

Nicolas Boileau-Despréaux (1636-1711)

Le célèbre poète, écrivain, critique littéraire qui « n'est cruel qu'en vers » comme l'écrit Madame de Sévigné, est le grand ami de Jean Racine. Tous ses contemporains – Louis XIV compris – l'appellent Despréaux pour le différencier de ses frères, Gilles et Jacques.

En dépit de l'absence de ses Fables dans l'*Art Poétique* de Boileau, La Fontaine – son aîné de quinze ans – ne lui est pas rancunier.

Boileau concède : « Les ouvrages de La Fontaine sont reçus avec des battements de mains. »

Roger Bussy-Rabutin (1618-1693)

Le fameux Bussy-Rabutin, à la suite de son livre *Histoire amoureuse des Gaules*, est emprisonné à la Bastille puis interdit de séjour à Paris sur ordre du roi.

« Je n'ai jamais vu Monsieur de La Fontaine et je ne le connais que par ses ouvrages » dont il est admiratif. « Monsieur de La Fontaine est le plus agréable faiseur de Contes qu'il y ait jamais eu en France... Les siècles suivants le regarderont comme un original qui, à la naïveté d'un Marot, a joint mille fois plus de politesse. »

Jean Chapelain (1595-1674)

Poète et écrivain français, il joue un rôle important dans la création de l'Académie française (rédaction des statuts). Colbert lui demande d'établir une liste « raisonnée » de personnalités artistiques et scientifiques susceptibles de recevoir des gratifications de Louis XIV.

Son talent, discuté, est mis à mal à la suite de son poème épique, *La Pucelle ou la France délivrée.*

Chapelle (1626-1686)

De son vrai nom Claude-Emmanuel Lhuillier, il est un élève de Pierre Gassendi auquel il doit sa philosophie épicurienne. Ce poète libertin, côtoyant un temps Racine, La Fontaine et Boileau, est surtout très proche de Molière qu'il conseille. Apprécié par les grands (Condé, Vendôme, Nevers, Bouillon...), Chapelle se fait remarquer par un libertinage tapageur et s'abandonne à une vie de débauche.

Abbé Coignet (16?-1726)

Il est janséniste. Issu du catholicisme, le jansénisme est un mouvement religieux qui se développe fortement au XVIIe siècle en réaction à certaines évolutions de l'Église et à l'absolutisme royal. Le jansénisme doit son nom à Cornelius Jansen, évêque d'Ypres et auteur du texte fondateur l'*Augustinus*. Ce mouvement s'inscrit dans le cadre d'une doctrine religieuse stricte, fermée, pessimiste et sévère. Le jansénisme prône le renoncement aux biens de ce monde, le refus des compromissions terrestres grâce à une vie morale austère et fataliste.

Louis Coignet est un temps exilé, sans doute à cause de ses convictions (*Mémoires, Correspondance complète, Rapports sur l'Acadie et autres pièces de Robert Challe*).

Curé de Saint-Roch depuis août 1668, il le reste jusqu'à sa mort et devient doyen des curés de Paris. Son nom est gravé dans le marbre de l'église (toujours visible à ce jour) « à la mémoire perpétuelle des curés de Saint-Roch ».

Guillaume Colletet (1598-1659)

La Fontaine est fortement épris de son épouse Claudine Le Nain (née en 1634, elle a trente-six ans de moins que son mari). L'inconduite de Colletet, poète et membre de l'Académie française, fait qu'il meurt dans la misère.

Valentin Conrart (1603-1675)

Écrivain et premier secrétaire perpétuel de l'Académie française.

Son jugement sur les écrits de La Fontaine : « Tout ce que vous m'avez envoyé m'a semblé admirable et m'a extrêmement satisfait ; vous m'aviez ordonné de ne pas me servir de tout mon esprit pour lire vos vers et j'ai trouvé que je n'en avais pas le quart pour les estimer selon leur mérite. Au reste,

Monsieur, vous êtes le plus modeste de tous les poètes que j'aie connus… »

Fénelon (1651-1715)

Cet académicien, auteur de *Télémaque*, réputé pour la qualité de ses prédications, connaît une ascension remarquable à la cour. Il est tuteur du duc de Bourgogne, le petit-fils de Louis XIV.

Son jugement sur le fabuliste : « La Fontaine a donné une voix aux bêtes pour qu'elles fissent entendre aux hommes les leçons de la sagesse. »

Nicolas Fouquet (1615-1680)

Sa disgrâce par Louis XIV est une affaire retentissante. Destitué et arrêté en 1661, il est condamné à la confiscation de ses biens et au bannissement. Le roi aggrave la peine en le faisant emprisonner le reste de sa vie à la tour de Pignerol, place forte située dans les Alpes.

Son château de Vaux-le-Vicomte sert de modèle à Louis XIV pour la construction de Versailles. Le Brun, Le Nôtre, Girardon et Le Vau, entre autres, qui travaillaient pour le compte de Fouquet, passent au service du roi.

Avant sa disgrâce, Fouquet était surintendant du roi. Au moment où on lui présenta La Fontaine par l'intermédiaire de Jannart (haut magistrat au Parlement et oncle de Mademoiselle de La Fontaine), il était au faîte de sa splendeur et l'un des personnages les plus puissants du royaume. Profitant de la Fronde (un roi encore trop jeune et un Mazarin affaibli), il outrepasse largement ses prérogatives, cumulant à la fois des fonctions que l'on peut comparer à celles d'un ministre des Finances et d'un Premier ministre.

Fouquet, « fin lettré », repère vite le talent du fabuliste.

Antoine Furetière (1619-1688)

Académicien comme La Fontaine, il sera longtemps l'ami du poète.

Ayant publié un extrait de son *Dictionnaire universel* contre l'avis de ses pairs, Furetière est exclu de l'Académie française. Furieux, il se lance alors dans la publication de violents pamphlets et de factums notamment dirigés contre La Fontaine, comme :

« Dangereux inventeur de cent vilaines fables,
Sachez que, pour livrer des médisants assauts,
Si vous ne voulez pas que le coup porte à faux,
Il doit être fondé sur des faits véritables. »

Son *Dictionnaire universel* est une référence pour l'étude du vocabulaire du XVIIe siècle.

Monsieur et Madame d'Hervart

Le couple, très proche de La Fontaine, apprécie grandement son talent.

Madame d'Hervart (1669-1712), née Françoise de Bretonvilliers, a vingt-quatre ans en 1693. Réputée d'« une élévation d'esprit remarquable », elle est l'épouse d'Anne d'Hervart (1630-1699), fils de Barthélemy d'Hervart.

Les Herwarth, originaires d'Augsbourg, sont des banquiers de religion luthérienne. Barthélemy d'Hervart rend de grands services à la couronne en prêtant des sommes d'argent considérables lors de la minorité de Louis XIV ; ce qui lui vaut d'être naturalisé français et anobli. Anne d'Hervart, maître des requêtes au Conseil d'État, se convertit à la religion catholique en 1685 (lors de la révocation de l'édit de Nantes). Les d'Hervart, richissimes, possèdent notamment la magnifique propriété de Bois-le-Vicomte qui a appartenu à Richelieu et à la Grande Mademoiselle. La Fontaine y fait de longs séjours.

Jean de La Bruyère (1645-1696)

Ce moraliste est célèbre pour son œuvre unique, *Les Caractères ou les Mœurs de ce siècle*.

Dans la sixième édition des *Caractères* (parue en 1691), il dit de La Fontaine qu'il « paraît grossier, lourd, stupide, il ne sait pas parler ni raconter ce qu'il vient de voir »... Mais ajoute : « S'il se met à écrire, c'est le modèle des bons contes, il fait parler les animaux, les arbres, les pierres : tout ce qui ne parle point. Ce n'est que légèreté, qu'élégance, que beau naturel, et que délicatesse dans ses ouvrages. »

Madame de La Fayette (1634-1693)

Née Marie-Madeleine de La Vergne, l'auteur du fameux roman *La Princesse de Clèves* apprécie le talent de La Fontaine. Elle meurt au mois de mai 1693, à l'âge de cinquante-neuf ans. Le rapport d'« autopsie » de la marquise de Sévigné est éclairant : « Elle avait un rein tout consommé et une pierre dedans, et l'autre purulent ; on ne sort guère en cet état. Elle avait deux polypes dans le cœur et la pointe du cœur flétrie... Elle avait les boyaux durs et pleins de vents, comme un ballon, et une colique dont elle se plaignait souvent. »

Madame de La Sablière (1636-1693)

Plus que bienveillante à l'égard de La Fontaine et de son talent, elle est sa protectrice pendant vingt ans. « En vérité, mon cher La Fontaine, vous seriez bien bête si vous n'aviez pas tant d'esprit. »

En dépit de ses déconvenues financières, elle met à la disposition de La Fontaine un modeste logis situé rue Saint-Honoré. C'est là que le fabuliste établit son cabinet de travail qu'il surnomme « la chambre des bustes » à cause des Virgile, Ésope, Térence, Plaute et autre Homère qui ornent la pièce.

En 1692, elle souffre d'un cancer qui la ronge depuis des mois. Elle meurt le 8 janvier 1693.

Ninon de Lenclos (1616-1705)

Elle est sans doute la plus célèbre des courtisanes de son siècle. Femme d'esprit, elle a un grand talent d'épistolière, mais se montre peu aimable à l'égard de La Fontaine. « Je doute qu'il y ait du philtre amoureux pour La Fontaine, il n'a guère aimé de femmes qui eussent pu en faire la dépense », écrit-elle à Saint-Évremond.

Jean-Baptiste Lully (1632-1687)

Le surintendant de la musique royale est très proche de Louis XIV qui apprécie son talent. Pascal Colasse (avec qui La Fontaine a travaillé) est le gendre de Lully dont il est aussi le secrétaire et le « batteur de mesure ».

Mathieu Marais (1664-1737)

Cet avocat au Parlement de Paris est aussi l'auteur d'une *Historie de la vie et des ouvrages de M. de La Fontaine* qui fut découverte après sa mort.

Il rapporte que « La Fontaine, étant à Antony, chez un de ses amis, ne se trouva point un jour à l'heure du dîner, et ne parut qu'après qu'on eut terminé le repas. On lui demanda où il était allé : il dit qu'il venait de l'enterrement d'une fourmi ; qu'il avait suivi le convoi dans le jardin ; qu'il avait reconduit la famille jusqu'à la maison, qui était la fourmilière, et il fit là-dessus une description du gouvernement de ces petits animaux, qu'il a depuis portée dans ses Fables. »

François de Maucroix (1619-1708)

Il est l'ami intime de La Fontaine, d'un bout à l'autre de sa vie. Cette année 1693, Maucroix a soixante-quatorze ans et La Fontaine, soixante-douze ans.

Maucroix rencontre souvent Boileau (qui le surnomme le « berger en soutane ») et Racine.

C'est à lui que La Fontaine explique qu'il attache plus d'importance à ses Contes qu'à ses Fables.

Pierre Mignard (1612-1695)

La Fontaine rencontre le peintre (grand ami de Molière) notamment à l'époque de la Société.

Molière (1622-1673)

La Fontaine et le dramaturge ont six mois d'écart. La Fontaine est né en juillet 1621, Molière, en janvier 1622.

Aujourd'hui, ils reposent côte à côte au cimetière du Père-Lachaise, mais rien ne prouve qu'il s'agisse là de leurs restes. Au moment de la Révolution, un siècle après leur mort, on déterre les ossements des deux hommes pour les transférer dans un mausolée. Oubliés, ils restent là de nombreuses années avant d'être transférés au musée des Monuments français puis au Père-Lachaise. Est-on sûr qu'après ces transferts à répétition et dans une période troublée il s'agit bien de leurs dépouilles ?

Olivier Patru (1604-1681)

Écrivain et membre de l'Académie française. Lors de son intronisation, il est le premier à avoir écrit un discours de remerciements, devenu depuis une tradition.

Paul Pellisson (1624-1693)

Secrétaire de Fouquet, il rencontre ainsi La Fontaine.

« Toute sa vie, Monsieur de La Fontaine a été un enfant. Un enfant est naïf, crédule, facile, sans ambition, sans fiel ; il n'est point touché des richesses ; il n'est pas capable de s'attacher longtemps au même objet ; il ne cherche que le plaisir, ou plutôt l'amusement ; et pour ce qui est de ses mœurs, il se laisse guider par une sombre lumière... Voilà, trait pour trait, ce qu'est Monsieur de La Fontaine. »

Par la suite, il devient académicien et historiographe du roi. Voltaire le décrit comme « un poète médiocre mais homme très savant et très éloquent ».

Charles Perrault (1628-1703)

Académicien comme La Fontaine, il le voit souvent chez Madame de La Sablière. L'auteur de *Barbe-Bleue*, *Cendrillon*, *Le Petit Chaperon rouge*, *La Belle au bois dormant*, *Le Petit Poucet*, *Le Chat botté* ou *Peau d'Âne* dit de La Fontaine :

« Il n'inventait pas les fables, mais il les choisissait bien, et les rendait presque toujours meilleures qu'elles n'étaient. Ses Contes qui sont la plupart de petites nouvelles en vers sont de la même force, et l'on ne pourrait en faire trop d'estime s'il n'y entrait point presque partout trop de licence contre la pureté ; les images de l'amour y sont si vives qu'il y a peu de lectures plus dangereuses pour la jeunesse, quoique personne n'ait jamais parlé plus honnêtement des choses déshonnêtes. »

« Monsieur de La Fontaine est d'une espèce toute nouvelle, il y entre une naïveté, une surprise, et une plaisanterie qui lui est particulière, qui charme, qui émeut et qui frappe tout d'une autre manière. »

« Non seulement il a inventé le genre de la poésie où il s'est appliqué, mais il l'a porté à sa dernière perfection. »

Abbé Pouget (1666-1723)

Quand il confesse La Fontaine, l'abbé n'officie à l'église Saint-Roch que depuis quelques semaines. Il a vingt-six ans.

Il écrit par la suite un document important, une lettre destinée à l'abbé d'Olivet de l'Académie française qui relate ce qu'il intitule la *Conversion de Monsieur de La Fontaine* en date du 22 janvier 1717. Mal à l'aise lors de son premier rendez-vous avec La Fontaine, il écrit : « Je pris avec moi un ami commun, homme de beaucoup d'esprit, qui était intime de Monsieur de La Fontaine. » Personne ne sait (ou ne saura probablement jamais) qui est cet ami. Pour le plaisir de la narration, l'auteur émet l'hypothèse qu'il s'agit de Jean Racine. Rien ne le prouve, mais rien ne l'infirme. Racine et La Fontaine étaient amis. Cousins (par l'épouse du poète), les deux hommes se sont côtoyés leur vie durant. Ils s'appréciaient (leurs lettres de correspondance en témoignent) et avaient de nombreux points communs (pour commencer le goût de la littérature et, un temps donné, celui des femmes...).

Pour lui, La Fontaine « était un homme qui sur mille choses pensait autrement que les autres hommes. Il était aussi simple dans le mal comme dans le bien ».

Par ailleurs, le père de l'abbé Pouget, André Pouget, est lié avec La Fontaine.

Jean Racine (1639-1699)

Élevé chez les jansénistes à l'abbaye de Port-Royal des Champs, Racine est fortement influencé par les règles de cette doctrine. Il prend un temps ses distances, pour y revenir les dernières années de sa vie.

Dix-huit années le séparent de La Fontaine, ce qui ne les empêche pas d'être très proches.

Mademoiselle de Champmeslé fut la maîtresse de Racine (en même temps que beaucoup d'autres) avant d'être aussi celle de La Fontaine.

En 1677, Racine épouse Catherine de Romanet. Sept enfants naissent de ce mariage.

Depuis 1678, Racine et Boileau sont promus historiographes du roi (sur l'insistance de Madame de Montespan), titre qui leur vaut à chacun une pension conséquente. Ils sont alors tenus de suivre Louis XIV dans ses guerres. À cet effet, Madame de Sévigné est narquoise : « Ces deux poètes historiens suivent donc la cour [le roi et son entourage militaire], plus ébaudis que vous ne le sauriez penser, à pied, à cheval, dans la boue jusqu'aux oreilles… Il me semble qu'ils ont l'air de deux Jean Doucet [benêts]. Ils disaient au roi qu'ils n'étaient plus étonnés de la valeur extraordinaire des soldats, qu'ils avaient raison de souhaiter être tués pour finir une vie si épouvantable. Cela fait rire… »

Athalie est sa dernière tragédie présentée en 1691. Louis Racine (son fils cadet) écrit : « *Athalie* fut exécutée deux fois devant Louis XIV et Madame de Maintenon, dans une chambre sans théâtre, par les demoiselles de Saint-Cyr, vêtues de ces habits modestes et uniformes qu'elles portent dans la maison. »

À propos de son fils Louis, qui a écrit les Mémoires de son père, François Mauriac est ulcéré de la façon dont « ce pieu ivrogne de Louis Racine » a traité le sujet. Effectivement, en occultant tout ce qui était susceptible de nuire à la gloire de son père, on obtient des Mémoires obséquieux.

Jean Racine meurt quatre ans après La Fontaine.

Charles de Saint-Évremond (v. 1614-1703)

C'est un ami de La Fontaine. Quand le fabuliste, à la fin de sa vie, se trouve dans le besoin, il s'en faut de peu qu'il quitte la France pour finir ses jours à Londres, notamment sur l'insistance de Saint-Évremond. Ce dernier est un exilé de longue date à cause d'écrits critiques à l'égard de Mazarin et qui ont fortement déplu à Louis XIV.

Paul Scarron (1610-1660)

Le célèbre écrivain de son temps, contemporain de Louis XIII, ne se déplace qu'à l'aide d'un fauteuil roulant à cause de son corps atrophié. Il prend dc fortes quantités d'opium afin de soulager une souffrance physique permanente.

Il épouse une orpheline sans fortune, âgée de seize ans, Françoise d'Aubigné, qui deviendra plus tard Madame de Maintenon, l'épouse de Louis XIV.

La Fontaine lui écrit une épigramme, à la suite d'une crise de hoquet si forte qu'on crut qu'il allait en mourir :

« Scarron, sentant approcher son trépas,
Dit à la Parque : Attendez, je n'ai pas
Encore fait de tout point ma satire.
Ah ! dit Cloton, vous la ferez là-bas :
Marchons, marchons ; il n'est pas temps de rire. »

Scarron, de son côté, dit : « Si j'en reviens, je ferai une belle satire contre le hoquet. »

Marquise de Sévigné (1626-1696)

L'essentiel de ses jugements sur La Fontaine est issu de ses lettres à Madame de Grignan, sa fille.

À Paris, elle occupe l'hôtel Carnavalet de 1677 à 1696, aujourd'hui transformé en musée.

Elle décède trois ans après La Fontaine.

Gédéon Tallemant des Réaux (1619-1692)

Pour avoir souvent rencontré La Fontaine, il nous a laissé un témoignage savoureux sur le fabuliste, raconté dans ses *Historiettes*.

Marquise de Thianges (1633-1693)

Cette personne d'importance – elle est la sœur de Madame de Montespan, la maîtresse en titre de Louis XIV – a plus ou moins « protégé » La Fontaine. La description qu'en fait Boileau est extraite du portrait de Saint-Simon (guère élogieux) dans ses *Mémoires*.

Les frères Vendôme

Louis-Joseph, duc, pair de France et maréchal aux armées du roi (1654-1712) et Philippe (1655-1727), le grand prieur de l'ordre de Malte, sont proches de La Fontaine. Plus de trente années les séparent.

Tous les deux sont les arrière-petits-fils d'Henri IV, descendants des bâtards légitimés qu'il a eus avec sa maîtresse Gabrielle d'Estrées.

Le descriptif des deux frères Vendôme par l'abbé Vergier s'inspire des portraits dressés par Saint-Simon. Ce dernier déteste cordialement les deux frères. On peut raisonnablement penser que son avis est subjectif.

Abbé Vergier (1657-1720)

Jacques Vergier défroque pour faire carrière dans la marine. Libertin réputé pour ses poésies érotiques, il est assassiné à Paris, en sortant d'un souper.

Il écrit contes, fables, sonnets et chansons de table, mais comme dit Voltaire : « Vergier était à l'égard de La Fontaine ce que Campistron était à Racine, un imitateur faible mais naturel. »

Il écrit au sujet de La Fontaine, dans une lettre à Madame d'Hervart : « Car vous savez, Madame, qu'il s'ennuie partout et même, ne vous en déplaise, quand il est auprès de vous, surtout quand vous vous avisez de vouloir régler ou ses mœurs ou sa dépense. »

Il dit aussi du fabuliste :

« Tout le cours de ses ans n'est qu'un tissu d'erreurs,
Mais d'erreurs pleines de sagesse.
Les plaisirs l'y suivent sans cesse
Par des chemins semés de fleurs.
Les soins de sa famille, et ceux de la fortune
Ne causent jamais son réveil »…

Au XVIIe siècle, on ne respirait pas le même air qu'aujourd'hui. Quelques aspects de la couleur du temps d'alors.

L'institution du mariage

Les mariages d'amour sont inexistants, ce ne sont que des mariages d'intérêts. Entre gens fortunés, c'est une façon de consolider et développer le patrimoine financier : terres, dots, titres, etc.

Conséquence ? Les dames de la cour ont des amants et les gentilshommes des maîtresses. Personne ne trouve rien à y redire. Dès lors, on peut comprendre pourquoi La Fontaine brocarde le mariage et fait l'apologie du « cocuage »...

Les mots « amant » et « maîtresse » ne recouvrent pas tout à fait le même sens qu'aujourd'hui. Dans cette société mondaine où la galanterie – le comble de la finesse – tient lieu de faire-valoir, « *être amant* » implique l'idée d'une cour assidue et d'hommages galants. Une honnête femme peut avoir, sans honte, plusieurs amants. Rien n'interdit une « liaison » au sens actuel du terme. Mais le voile du secret est omniprésent, il empêche toute certitude et prête souvent à confusion.

La plupart des épousées sont très jeunes. Mademoiselle Héricart, la jeune Madame de La Fontaine, avait quatorze ans lors de son mariage ; la duchesse de Bouillon en avait treize. Le mot « adolescent » est inconnu du dictionnaire de Furetière. On passe directement de l'enfance à l'âge adulte.

Libertinage et gauloiserie

Qu'en est-il des mœurs de cette époque ?

Jusqu'à la mort de Richelieu – La Fontaine a, alors, vingt et un ans –, on sait se tenir. Les hommes de la noblesse et de la bourgeoisie (qui composent un dixième de la population) s'imposent des manières respectueuses à l'égard des femmes de leur rang. Celles-ci s'interdisent toute apparence de facilité sous peine de se déshonorer. Cependant, on ne s'effarouche pas de voir des religieuses festoyer au couvent, des évêques porter l'armure, à commencer par Richelieu.

Personne ne s'étonne davantage des hommages dignes d'un dieu que l'on puisse rendre au roi. C'est d'autant plus frappant que l'éducation des Bourbons, au cours des siècles, a été maintes fois malmenée. L'avis du duc d'Angoulême (fils de Charles X) est sans détour : « Nous avons été élevés comme des cochons. » À ce propos, Louis XIII n'a pas été épargné. « Dès l'enfance, sa remueuse branlait du bout des doigts son "guillerie" [son sexe] pour l'endormir… »

Et le clergé ? À la fin de sa vie, Richelieu reconnaît que les désordres dans les couvents sont presque aussi grands qu'au début du siècle. Le père Bourdoise confirme : « Ce qui se fait de plus mal, en ce temps, est le fait des ecclésiastiques. » Il est sûr qu'en recrutant les évêques parmi les bâtards de la noblesse, on ne peut espérer l'éclosion de saints sur les sièges épiscopaux. Les *Contes* de La Fontaine en feront leur miel.

Les suites de la Fronde – La Fontaine a la trentaine – auront une fâcheuse conséquence. La mode est au cynisme et aux éclats scandaleux. Une nouvelle forme de libertinage apparaît. Louis XIV – du moins la première partie de sa vie – tout autant que La Fontaine n'en réchappent pas. Il est cependant plus nuancé que celui d'Henri IV, au temps où les seigneurs avaient gardé le goût du vol, du viol, du blasphème et des enlèvements.

Le libertin comme son nom l'indique est un libre-penseur. Il veut « vivre bien », s'abandonner, sans tapage mais sans frein, à tous les désirs. Le libertinage se partage en deux sociétés. D'abord, les épicuriens ; ceux-là se cantonnent dans la bienséance. Ils sont érudits et discrets. Ces gens-là ne parlent jamais d'intelligence mais d'esprit (qui suppose perspicacité, entendement et discernement). Pour eux, l'intelligence fait la cuisine et l'esprit présente le plat. Pas plus qu'ils ne raillent la vertu, ils ne raillent la religion catholique, mais s'en donnent à cœur joie contre l'Église et ses représentants. Qui est de ce monde ? La Fontaine bien sûr, mais aussi les Maucroix, Condé, Saint-Évremond, Turenne, Bouhours, Conti, Ninon de Lenclos, la marquise de Sévigné, Madame de La Sablière...

Ce qui surprend chez ces gens-là, c'est qu'ils sont catholiques tant dans leur comportement que dans leur pensée. Cependant, le doute s'est glissé en eux. Certains ont choisi l'athéisme (un temps, la marquise de Sévigné). Les guerres de Religion ont laissé des traces profondes bien que l'Église catholique soit parvenue à se redresser face à la Réforme. De nouveaux moines guerriers apparaissent, et quels moines ! Saint François de Salles, saint Vincent de Paul, l'abbé de Rancé (créateur de l'ordre des Trappistes).

L'autre libertinage est beaucoup plus tapageur, il se veut « éclatant ». Alors, on s'habille en satyre ou en Apollon et on déguise de jolies jeunes filles en bergères. On s'amuse à les poursuivre, on les rattrape ; on imagine la suite. En toute impunité, on chante des refrains orduriers à la messe, on parodie la célébration de l'eucharistie au cours d'orgies, on baptise et on marie des chiens. On blasphème, sinon en toute licence, du moins en semi-liberté. Ce sont les Théophile de Viau, les Balzac, les Saint-Pavin, les Saint-Amant, les Chapelle (l'ami de Molière surnommé « l'empereur du biberon » tellement il boit). En face d'eux, les dévots passent à l'offensive. Le père Garasse, spécialisé dans la chasse aux libertins, s'en donne à cœur joie. Le coup atteint Théophile de Viau. On l'accuse d'un poème obscène (il n'est pas de lui, mais peu importe), on l'emprisonne. Son effigie est brûlée place de Grève.

Face à l'audace de certains libertins – en ce temps-là, le sacrilège et le blasphème sont plus sévèrement châtiés que les crimes –, on est étonné du petit nombre de sanctions en dépit de l'arsenal de tortures dont disposent les tribunaux. Les dispositions juridiques, en vertu de l'ordonnance de 1347, font frémir. Les peines vont du carcan au pilori, à l'incision des lèvres, à l'arrachage de la langue. Les tribunaux répugnent à appliquer ces peines qui sont plus là pour effrayer que pour punir. Cela tient à la tiédeur du zèle religieux de la cour et à l'indifférence de l'opinion publique. Les extravagances des seigneurs libertins font plus sourire qu'elles n'offensent.

En 1636, l'insolence des athées est telle que Louis XIII est contraint de rappeler la dureté des châtiments. Sauf que le premier supplice est appliqué à la cinquième récidive et il faut en venir à la huitième pour avoir la langue arrachée. En 1650, sous Louis XIV, on n'arrache plus la langue, on la perce au fer rouge. Mais comme on manque de galériens, cette punition remplace avantageusement l'autre.

Le parti dévot obtient parfois gain de cause. Qui frappe-t-on ? Ces libertins avoués tel Gaston d'Orléans (le frère de Louis XIII) ? Condé (le vainqueur de Rocroi) ? Son frère (le prince de Conti) ? Ou les frères Vendôme (bâtards d'Henri IV) ? Comme tous ceux qui appartiennent à un haut lignage, ils sont intouchables. Les tribunaux frappent des égarés comme ce larron déguisé en moine distribuant dans les églises des chapelets aux médailles obscènes. Il finira pendu. Cette répression-là est totalement injuste. Elle ne touche que du menu fretin. On fait couper le poing de Jean Lecomte, on coupe la langue au capitaine La Plume et on envoie galérer Ambroise le Turc. Le libertinage est un luxe de gentilshommes, de puissantes protections assurent leur impunité.

L'hygiène

La durée moyenne de vie est de vingt-six ans pour les hommes, un quart des nouveau-nés ne dépassent pas les douze mois ; 50 % des Français meurent avant d'atteindre l'âge de vingt ans. Autant dire que dépassant les soixante-dix ans, la réaction de La Fontaine est naturelle : la moindre des faiblesses physiques fait rapidement penser que sa fin est proche, parvenir à atteindre cet âge canonique est une chance.

Un souci dentaire ? Une seule solution (il n'en existe pas d'autres) : les pinces de l'arracheur de dents. Le roi connaît le sujet. Depuis l'âge de quarante ans, il n'a plus de dents et mastique avec ses mâchoires.

Pourquoi les portraits ne sont-ils jamais souriants ? Une mode ? Rien de cela, la plupart des célébrités, qui posent derrière le chevalet d'un Largillière, d'un Le Brun ou d'un Mignard, ont une dentition calamiteuse.

L'un des critères clés de la beauté féminine est « d'avoir des dents blanches et bien rangées, c'est si rare. Si vous croyez baiser une belle petite bouche avec des dents bien blanches, vous baisez un moulin à merde. Tous les mets les plus délicieux, les biscuits, les pâtés, les tourtes, les farcis, les jambons, les perdrix, les faisans, etc., le tout n'est que pour faire de la merde mâchée… » La princesse Palatine – la belle-sœur de Louis XIV – nous résume, à sa manière, le risque pris par celui ou celle qui a le désir d'embrasser. On saisit alors tout l'avantage de l'éventail : outil de séduction certes, mais il est aussi là pour chasser les mauvaises odeurs.

L'hygiène du corps est détestable. « Prendre un bain » est une notion quasiment inexistante. En effet, l'eau est considérée dangereuse : elle véhicule les « humeurs » et s'infiltre par les pores de la peau. C'est pourquoi on attrape toute sorte de maladies dans un bain. Les apothicaires sont formels. Des linges parfumés pour les « essuiements » de la peau sont bien assez. Passons sous silence la toilette intime et tout ce qui a trait aux maladies sexuelles. La petite vérole prolifère et fait des ravages.

La pudeur : sexe et scatologie

Où se place la pudeur au XVIIe siècle ? Beaucoup de pudibonderie enveloppe les affaires touchant au sexe, considéré comme un péché grave (le poids de la morale chrétienne dans les consciences est écrasant).

Si on parle de sexe, on ne l'écrit que très rarement. En la matière, les Contes de La Fontaine innovent et font grand bruit.

Au détour d'une lecture, il arrive parfois de tomber sur des descriptions saisissantes : « Elle a les toutons dévoyés [la gorge flétrie], les barres [l'os du pubis] froissées, le lippion [le périnée] recoquillé, le pouvant débiffé [la nature de la femme pouvant tout], les balunaux [les lèvres] pendants, le lippendis [les bords des lèvres] pelé, les baboles [les nymphes] abattues, les alerons [les caroncules] démis, l'entrechat retourné et la corde rompue [les membranes qui relient les caroncules les unes aux autres], le barbidau [le clitoris] écorché, le builboquet [le col de la matrice] fendu, le guillemard [le conduit de la pudeur] élargi, la dame du milieu [l'hymen] retirée, l'arrière-fosse [l'orifice interne de la matrice] ouverte. Le tout visité au doigt et à l'œil, je vous dis que cette jeune femelle a été violée… » Ainsi va le langage orné d'une matrone à propos de la virginité des filles.

En matière de scatologie, l'époque est sans détour. On y donne force détails. Les *Mémoires* de Saint-Simon nous rapportent une situation étonnante dans un salon de Versailles :

« La duchesse de Bourgogne se mit, tout en grand habit qu'elle était, le dos à la cheminée, debout, appuyée sur le petit paravent. Nanon [sa servante] passa derrière elle et se mit à genoux. Le roi [Louis XIV] qui était le plus proche s'en aperçut et leur demanda ce qu'elles faisaient là. La duchesse se mit à rire.

– Vous ne l'avez point encore remarqué ! C'est que je prends un lavement d'eau…

– Comment ! s'écria le roi mourant de rire, actuellement là, vous prenez un lavement d'eau…

– Et comment faites-vous cela ?

Et les voilà tous quatre [le roi, la duchesse, Nanon et Madame de Maintenon] à rire de tout leur cœur.

Nanon apportait la seringue toute prête sous ses jupes, troussait celles de la princesse, qui les tenait et Nanon lui glissait le clystère. Le rare est qu'elle allait avec ce lavement à la comédie sans être pressée de le rendre ; quelquefois même elle ne le rendait qu'après le souper du roi ; elle disait que cela la rafraîchissait et empêchait que la touffeur du lieu de la comédie ne lui fît mal à la tête. »

Enfin, cette lettre datant d'octobre 1694 de la princesse Palatine (belle-sœur de Louis XIV) à Sophie de Bavière (épouse de l'électeur de Hanovre) est édifiante :

« Vous êtes bienheureuse d'aller chier quand vous voulez ; chiez donc tout votre chien de soûl. Nous n'en sommes pas de même ici, où je suis obligée de garder mon étron pour le soir ; il n'y a point de frottoir aux maisons du côté de la forêt. J'ai le malheur d'en habiter une, et par conséquent le chagrin d'aller chier dehors, ce qui me fâche, parce que j'aime chier à mon aise, et je ne chie pas à mon aise quand mon cul ne porte sur rien. Tout le monde nous voit chier ; il y passe des hommes, des femmes, des filles, des garçons, des abbés et des Suisses. Vous voyez par là que nul plaisir sans peine, et que, si on ne chiait point, je serais à Fontainebleau comme le poisson dans l'eau.

« Il est très chagrinant que mes plaisirs soient traversés par des étrons. Je voudrais que celui qui a le premier inventé de chier ne pût chier, lui et toute sa race, qu'à coups de bâton ! Comment, mordi !, qu'il faille qu'on ne puisse vivre sans chier ? Soyez à table avec la meilleure compagnie du monde ; qu'il vous prenne envie de chier, il faut aller chier. Soyez avec une jolie fille ou femme qui vous plaise ; qu'il vous prenne envie de chier, il faut aller chier ou crever. Ah ! maudit chier ! Je ne sache point de plus vilaine chose que de chier. Voyez passer une jolie personne, bien mignonne, bien propre ; vous vous récriez : Ah ! que cela serait joli si cela ne chiait pas ! Je le pardonne à des crocheteurs, à des soldats, aux gardes, à des porteurs de chaise et à des gens de ce calibre-là. Mais les empereurs chient, les impératrices chient, les rois chient, les reines chient, le pape chie, les cardinaux chient, les princes chient, les archevêques et les évêques chient, les généraux d'ordre chient, les curés et les vicaires chient. Avouez donc que le monde est rempli de vilaines gens ! Car enfin, on chie en l'air, on chie sur la terre, on chie dans la mer. Tout l'univers est rempli de chieurs, et les rues de Fontainebleau de merde, principalement de la merde de Suisse, car ils font des étrons gros comme vous, Madame. »

Difficile d'en dire mieux et plus.

La religion catholique

Le catholicisme, pilier du royaume et garant de son unité, est incontournable. Louis XIV s'impose la règle qui dit : une foi, une loi, un roi. Pourtant, le catholicisme est en butte à diverses crises internes qui secouent jusqu'aux élites du royaume. Au-delà de la révocation de l'édit de Nantes décidée par Louis XIV – qui met les réformés dans une situation impossible, au point de devoir émigrer –, des querelles (difficilement compréhensibles de nos jours) vont voir différents courants se confronter au gallicanisme.

Il s'agit d'abord du quiétisme. Son théoricien est le père Miguel de Molinos. Adepte de la théorie, Madame de Guyon se sent « envahie d'extase, inondée de torrents de grâce »... Obtenir la vie éternelle ? C'est simple. Il suffit de s'abandonner à Dieu dans un pur amour. L'affaire n'a rien d'extraordinaire, sauf que le quiétisme fait des adeptes dans les plus hautes sphères du pouvoir. Les Fénelon, Beauvillier, Chevreuse, jusqu'à Madame de Maintenon en sont. Cette affaire n'est pas du tout du goût de Louis XIV.

Le courant janséniste, initié par Cornelius Jansen, prend une ampleur inattendue et incommode le roi au plus haut point. Au-delà de ce mouvement qui prône le renoncement aux biens de ce monde et le refus des compromissions terrestres grâce à une vie morale austère, Louis XIV voit une réelle menace pour son pouvoir. Il décide de détruire le fief du jansénisme – l'abbaye de Port-Royal des Champs – et fait emprisonner tous ses membres. La Fontaine observe tous ces tapages mais de loin, bien que Racine soit janséniste et que la plupart des gens qu'il côtoie, sa vie durant, soient des réformés (convertis ou non).

S'il n'aime pas les représentants de l'Église, La Fontaine est chrétien. Son retour aux règles du catholicisme en fin de vie n'a rien d'exceptionnel. C'est une pratique courante. On passe du libertinage à la rédemption, on quitte la cour pour le cloître. Ministres, militaires, commensaux et grands robins abandonnent les honneurs terrestres pour ne songer qu'à leur salut. Le roi, après une jeunesse dissolue (on ne compte plus ses maîtresses et ses enfants reconnus ou non), se « range » du jour où il épouse Madame de Maintenon.

Après une vie libertine (et quelques soucis financiers), Madame de La Sablière s'adonne à la dévotion et à la charité en s'occupant des incurables. Et que penser d'un libertin comme Condé qui communie lors de la Pâques de 1685, ou de l'impiété de la princesse Palatine qui fait une fin chrétienne ? Bossuet, dans ses oraisons funèbres, montre que l'obscur chemin emprunté par ces deux-là (qui se flattaient de ne pas croire en Dieu) peut conduire au salut… L'idée d'une vie éternelle en Enfer fait peur. La Fontaine est comme les autres : il veut confesser ses fautes et en obtenir la rédemption.

Chronologie

1621-1643 : De sa naissance à son mariage

La vie de La Fontaine

1621
8 juillet, baptême à Château-Thierry.

Les événements autour de La Fontaine

1622
Richelieu, nommé cardinal. Naissance de Molière.

1624
Richelieu, ministre, entre au Conseil du roi.
Construction du premier château de Versailles.

1625
Vincent de Paul fonde la congrégation des Prêtres de la Mission (les lazaristes).

1626
Naissance de la marquise de Sévigné et de Chapelle.

1627
Poursuite de la guerre contre les protestants.

1628
Prise de La Rochelle.

1629
Richelieu, Premier ministre.

1630
11 novembre : journée des Dupes.

1631
Marie de Médicis exilée.

Avant 1635
Études au collège de Château-Thierry. C'est sans doute là qu'il fait la connaissance de François de Maucroix.

1634
Vincent de Paul crée les Filles de la Charité.
Naissance de Madame de La Fayette.

1635
Création de l'Académie française par Richelieu. Naissance de Madame de Maintenon.

1636
Naissance de Boileau et de Madame de La Sablière.

1637
Corneille : *Le Cid.*

1638
5 septembre : naissance de Louis XIV, fils de Louis XIII et Anne d'Autriche.

1639
22 décembre : naissance de Jean Racine.

1641
27 avril : début d'études de théologie à l'Oratoire, rue Saint-Honoré à Paris.

1642
28 octobre : arrêt de l'Oratoire. *L'Astrée* l'emporte sur la théologie !

1642
Mort de Richelieu, Mazarin lui succède.

1643
Mort de Louis XIII, régence d'Anne d'Autriche.

1644-1657 : Le temps du mariage

La vie de La Fontaine	Les événements autour de La Fontaine
1645 Études de droit à Paris. Il fait partie d'une académie littéraire, Les Paladins, où se retrouvent Pellisson, Furetière, Maucroix, Charpentier et Cassandre. Il se lie d'amitié avec Benserade, Chapelain, Conrart, Patru, Perrot d'Ablancourt, les frères Tallemant des Réaux.	**1645** Naissance de La Bruyère.
1647 Mariage avec Marie Héricart.	
	1648 Début de la Fronde qui durera jusqu'à 1653.
	1651 Naissance de Fénelon. Départ de Mazarin. Proclamation officielle de la majorité de Louis XIV.
1652 Maître particulier des Eaux et Forêts.	
1653 Début des ventes de son patrimoine. Baptême de son fils Charles, le parrain est Maucroix.	**1653** Nicolas Fouquet, nommé surintendant des Finances. Le pape condamne le jansénisme.
1654 Traduction et adaptation de *L'Eunuque*, comédie en vers de Térence. C'est la première œuvre de La Fontaine.	**1654** Sacre de Louis XIV à Reims.
1656 Il vend l'importante ferme de Dammart, propriété de sa femme, à son beau-frère.	
1657 « Faux » duel avec Poignan.	

1658-1663 : Le temps de Nicolas Fouquet, surintendant du roi

La vie de La Fontaine

1658
Séparation de biens entre La Fontaine et sa femme. *Épître à l'abbesse de Mouzon* : appréciée par Fouquet et Madame de Sévigné. Il entre au service de Fouquet
Mort de son père (une succession compliquée qui va aggraver ses problèmes financiers).

1659
À la demande de Fouquet, La Fontaine débute une œuvre à la gloire de Vaux (*Le Songe de Vaux*, inachevée).

1660
À Vaux-le-Vicomte, il retrouve Maucroix et Pellisson. Il se lie avec Brienne, Perrault, Saint-Évremond et Madeleine de Scudéry. Il fait la connaissance de Barthélemy d'Hervart.

1661
Début de l'amitié avec Racine. Il assiste à la fête donnée par Fouquet à Vaux-le-Vicomte.

1663
Il adresse à Fouquet son *Ode au Roi*. Il accompagne Jannart (substitut de Fouquet au Parlement) envoyé en exil dans le Limousin. C'est là qu'il écrit ses lettres *Relation d'un voyage de Paris en Limousin*.

Les événements autour de La Fontaine

1659
Mémoire de Colbert sur les malversations de Fouquet.
Molière : *Les Précieuses Ridicules*.

1660
9 juin : mariage de Louis XIV et Marie-Thérèse d'Autriche, infante d'Espagne.
Boileau : *Les Satires*.
Mort de Scarron.

1661
Molière : *Les Fâcheux*. Colbert, nommé intendant des Finances. Mort de Mazarin. Fouquet reçoit Louis XIV à Vaux-le-Vicomte. Arrestation et emprisonnement de Fouquet. Début des travaux du château de Versailles. Lully nommé surintendant de la Musique de Louis XIV. Saint-Évremond est exilé.

1662
Molière : *L'École des femmes*. Mort de Blaise Pascal.

1664-1672 : Le temps de la veuve de Gaston d'Orléans, frère de Louis XIII

La vie de La Fontaine

1664
La Fontaine obtient son brevet de « gentilhomme servant » auprès de la duchesse douairière d'Orléans au palais du Luxembourg. Il fréquente les salons de la duchesse de Bouillon et de l'hôtel de Nevers.
Il rencontre Mesdames de Sévigné, La Fayette et La Rochefoucauld. Séparation définitive d'avec sa femme.
Achevé d'imprimer des *Nouvelles en vers tirées de Boccace et de l'Arioste*, comprenant ses premiers Contes.

1665
Achevé d'imprimer des *Contes et Nouvelles en vers*.
Fin de la Société (1659-1665) des « quatre amis » (Molière, La Fontaine, Boileau et Racine) à laquelle s'était ajouté Chapelle et qui avait pour objectif de les réunir afin de parler littérature. En réalité, c'était l'occasion d'agapes, de plaisanteries et de bons mots. Les absences de Chapelle, happé par le tourbillon du grand monde, et surtout la rupture entre Molière et Racine mettent fin à son existence.

1666
Achevé d'imprimer de la *Deuxième partie des Contes et Nouvelles en vers*.

Les événements autour de La Fontaine

1664
Fouquet, condamné à la prison à vie.
Molière : *Tartuffe*.

1665
Représentation de *Dom Juan* de Molière qui fait scandale.
Colbert, nommé contrôleur général des Finances.

1666
Molière : *Le Misanthrope, Le Médecin malgré lui*. Mort de la reine mère Anne d'Autriche.
Colbert prend les mesures suivantes : diminution du nombre d'imprimeurs, répression des éditions clandestines, contrôle de la presse.

1667
Racine : *Andromaque.* Création de la charge de lieutenant général de police de Paris, nomination de Nicolas de La Reynie. Interdiction de *Tartuffe.*

1668
Achevé d'imprimer du premier recueil des *Fables choisies* (livres I à VI : 124 Fables).

1668
Molière : *L'Avare.* Racine : *Les Plaideurs.* Le Nôtre achève les jardins du château de Versailles.

1669
Achevé d'imprimer des *Amours de Psyché et Cupidon.*

1669
Colbert nommé secrétaire d'État à la Marine.
Racine : *Britannicus.*

1670
Molière : *Le Bourgeois gentilhomme.* Racine : *Bérénice.*

1671
Il perd définitivement les revenus de ses charges des Eaux et Forêts au profit du duc de Bouillon. Achevé d'imprimer de la *Troisième partie des Contes et Nouvelles en vers.*

1671
Molière : *Les Fourberies de Scapin.* Mort de Vatel.

1672
Mort de la duchesse douairière d'Orléans, La Fontaine perd son unique revenu de « gentilhomme servant ».

1672
Molière : *Les Femmes savantes.* Boileau : premières publications de la parodie épique le *Lutrin.*

1673-1693 : Le temps de Madame de La Sablière

La vie de La Fontaine

1673
Madame de La Sablière le recueille dans son hôtel. Elle l'entretiendra pendant vingt ans et côtoiera dans son salon de nombreuses personnalités des sciences et des lettres.

Les événements autour de La Fontaine

1673
Molière : *Le Malade imaginaire.* Racine : *Mithridate.*
Mort de Molière. Création de l'institution des Invalides.

1674 Collaboration avortée avec Lully : l'opéra *Daphné*. Publication de *Nouveaux Contes* (encore plus licencieux que les précédents !).	**1674** Boileau : *Art poétique*.
1675 La Reynie interdit la vente des *Nouveaux Contes*.	
1676 Il vend sa maison natale de Château-Thierry pour régler une partie de ses dettes.	
	1677 Racine : *Phèdre*. Boileau et Racine nommés historiographes du roi.
1678 Édition du deuxième recueil des *Fables* (livres VII à XI : 87 Fables).	**1678** Paix de Nimègue.
	1679 Affaire des Poisons. Premiers édits à l'encontre des protestants.
1680 Madame de La Sablière loge La Fontaine rue Saint-Honoré.	**1680** Mort de Fouquet à la prison de Pignerol. Création de la Comédie-Française.
1682 Achevé d'imprimer du *Poème du Quinquina* auquel s'ajoutent des nouveaux Contes.	**1682** La famille royale s'installe à Versailles ainsi que la cour.
1683 La Fontaine commence *Achille*, une tragédie inachevée.	**1683** Mort de Colbert. Mariage secret de Louis XIV et Madame de Maintenon.
1684 Après bien des difficultés, La Fontaine est élu à l'Académie française, au siège occupé par Colbert. Il lit son *Discours à Madame de La Sablière*. À l'occasion de la réception de Boileau, il lit sa nouvelle Fable, *Le renard, le Loup et le Cheval*.	**1684** Mort de Corneille.

1685
Achevé d'imprimer des *Ouvrages de prose et de poésie* qu'il fait avec Maucroix.

1685
Révocation de l'édit de Nantes par l'édit de Fontainebleau. Achèvement du château de Versailles.

1687
Denis Papin construit la première machine à vapeur.

1688
La Fontaine devient un familier des Vendôme et des Conti.

1688
La Bruyère : *Caractères.*

1689
Fénelon, précepteur du duc de Bourgogne.

1691
L'Académie française le charge de la lettre « F » du dictionnaire. Un travail sans suite.

1691
Racine : *Athalie.*

1692
Décembre : il tombe gravement malade et débute sa conversion avec l'abbé Pouget.

1693-1695 : Le temps de la fin

La vie de La Fontaine

1693
12 février : La Fontaine renie publiquement ses Contes et reçoit l'extrême-onction. Il retrouve une meilleure santé et est recueilli par les d'Hervart. Publication du dernier recueil des *Fables.*

1695
13 avril : après un malaise rue du Chantre, à son retour de l'Académie française, il s'éteint chez les d'Hervart et est inhumé au cimetière des Saints-Innocents.

Les événements autour de La Fontaine

1693
Mort de Madame de La Sablière et de Madame de La Fayette.

Bibliographie sélective

Auteurs des XVIIe et XVIIIe siècles qui ont connu La Fontaine

Boileau-Despréaux, Nicolas, *Œuvres complètes*, contenant ses poésies, ses écrits en prose, la traduction de Longin, ses lettres à Racine, à Brossette et à diverses autres personnes, et les variantes, les textes d'Horace, de Juvénal, etc., tome III, Paris, Stéréotype d'Herhan, 1809.

Furetière, Antoine, *Recueil des factums*, suivi des preuves et pièces historiques données dans l'édition de 1694 avec une introduction et des notes historiques et critiques par M. Charles Asselineau, tome I, Paris, Poulet-Malassis et de Broise, 1859.

La Bruyère, Jean de, *Les Caractères ou les mœurs de ce siècle*, suivis des *Caractères de Théophraste*, nouvelle édition précédée d'une notice sur La Bruyère par Suard et augmentée d'un commentaire par M. Hémardinquer, Paris, Librairie Ch. Delagrave, 1891.

Loménie de Brienne, Louis-Henri de, *Mémoires*, Paris, P. Bonnefon, Société de l'Histoire de France, 1916-1919.

Marais, Matthieu, *Contes et Nouvelles de La Fontaine*, nouvelle édition revue et corrigée d'après les manuscrits et les éditions originales, avec toutes les variantes et plusieurs contes inédits, accompagnée de notes et précédée de *L'Histoire de la vie et des ouvrages de M. de La Fontaine*, Paris, Adolphe Delahays, 1858.

Pellisson, Paul, et l'abbé d'Olivet, *Histoire de l'Académie française*, avec une introduction, des éclaircissements et notes par M. Charles-Louis Livet, Paris, La librairie académique Didier et Cie, 1858.

Perrault, Charles, *Les Hommes illustres qui ont paru en France pendant le XVIIe siècle*, tomes I et II, Paris, Antoine Dezallier, 1701.

Racine, Louis, *Mémoires sur la vie de Jean Racine*, Lausanne-Genève, Marc-Michel Bousquet et Compagnie, 1747.

Madame de Sévigné, *Lettres*, Flammarion, 1976.

Tallemant des Réaux, Gédéon, *Les Historiettes, Mémoires pour servir à l'histoire du XVIIe* siècle, publiées sur le manuscrit autographe de l'auteur et précédées d'une notice par M. Monmerqué, 6 volumes, Paris, A. Levavasseur, 1834-1835. (En 10 volumes, Garnier frères, 1861.)

Auteurs du XIXe siècle

Assier, Alexandre, *Légendes, curiosités et traditions de la Champagne et de la Brie*, Paris, Aubry, Dumoulin et Techner, 1860.

Auger, Louis-Simon, *Œuvres complètes de J. de La Fontaine*, précédées d'une nouvelle notice sur sa vie, Paris, Lefèbvre, 1854.

Casse, Albert du, *Histoire anecdotique de l'Ancien Théâtre en France* (théâtre français, opéra, opéra-comique, théâtre italien, vaudeville, théâtres forains, etc.), Paris, E. Dentu, 1864.

La Roque, Adrien de (abbé), *Lettres inédites de Jean Racine et de Louis Racine*, précédées de la vie de Jean Racine et d'une notice sur Louis Racine, Paris, L. Hachette et Cie, 1862.

Pitre-Chevalier, *Musée des familles. Lectures du soir*, volume 6, « La Fontaine et Fouquet », Paris, 1848-1849.

Sainte-Beuve, Charles-Augustin, *Portraits littéraires*, 3 volumes, Paris, Garnier Frères, 1862.

Sainte-Beuve, Charles-Augustin, *Causeries du lundi*, 15 volumes, Paris, Garnier Frères, 1850.

Taine, Hippolyte, *La Fontaine et ses Fables*, L. Hachette et Cie, 1861.

Walckenaer, Charles-Athanase, *Histoire de la vie et des ouvrages de Jean de La Fontaine*, Paris, Lefèvre, 1835 ; Paris, Firmin Didot Frères, Fils et Cie, 1858.

Auteurs du XXe siècle

Bordes, Adolphe, *Lettres de Jean de La Fontaine à sa femme sur un voyage de Paris en Limousin* (à Mesdames de Bouillon, de Champmeslé, Ulrich, etc. ; à Messieurs Jeannart, de Maucroix, Foucquet, Racine, au prince de Conti, etc.), Paris, Halleu et Sergent, 1920.

Clarac, Pierre, *La Fontaine par lui-même*, coll. « Écrivains de toujours », Paris, Seuil, 1961.

Dandrey, Patrick, *La Fabrique des « Fables », essai sur la poétique de La Fontaine*, Paris, Klincksieck, 1992.

Duchêne, Roger, *Jean de La Fontaine*, Paris, Fayard, 1990.

Giraudoux, Jean, *Les Cinq Tentations de La Fontaine*, Paris, Grasset, 1938.

Leplatre, Olivier, *Le Pouvoir et la parole dans les Fables de La Fontaine*, Presses Universitaires de Lyon, 2002.

Nohain, Franck, *La Vie amoureuse de La Fontaine*, Paris, Flammarion, 1928.

Orieux, Jean, *La Fontaine ou la vie est un conte*, Paris, Flammarion, 1976.

Roche, Louis, *La Vie de Jean de La Fontaine*, Paris, Plon, 1913.

Valéry, Paul, « Au sujet d'Adonis », dans Œuvres, Paris, Gallimard, coll. « Bibliothèque de La Pléiade », 1957.

Sources connexes

Bluche, François, *Louis XIV*, Paris, Fayard, 1986.
Boulgakov, Mikhaïl, *Le Roman de Monsieur de Molière*, Paris, Gallimard, coll « Folio », 1993.
Brosses, Daniel des, *Bussy-Rabutin le Flamboyant*, Versailles, Via Romana, 2011.
Bussy-Rabutin, Roger, *Histoire amoureuse des Gaules*, Paris, Garnier Flammarion, 1967.
Bussy-Rabutin, Roger, *Mémoires* (édition de 1712, orthographe modernisée), Paris, Jean-Claude Lattès, 1987.
Dandrey, Patrick, *Quand Versailles était conté : la cour de Louis XIV par les écrivains de son temps*, Paris, Les Belles Lettres, 2009.
Duchêne, Roger, *Ninon de Lenclos*, Paris, Fayard, 1984, rééd. 2000.
Dufresne, Claude, *La Marquise de Sévigné*, Pygmalion, 2006.
Dumas, Alexandre, *Louis XIV et son siècle*, Bruxelles, Meline, Cans et Compagnie, 1846.
Erlanger, Philippe, *Louis XIII, le stoïcien de la monarchie*, Paris, Perrin, 1972.
Erlanger, Philippe, *Richelieu, l'ambitieux, le révolutionnaire, le dictateur*, Paris, Perrin, coll. « Tempus », 1967, rééd. 2006.
Fumaroli, Marc, *Le Poète et le roi*, Paris, de Fallois, 1997.
Gaxotte, Pierre, *Louis XIV*, Paris, Flammarion, 1974.
Guitry, Sacha, *La Fontaine* (pièce de théâtre), Paris, Presses de la Cité, 1991.
Hanotaux, Gabriel, et le duc de La Force, *Richelieu*, Laffont, 1983.

Lettres de la princesse de Palatine, Paris, Mercure de France, 1981.
Lettres de Madame de Sévigné, de sa famille et de ses amis, recueillies et annotées par M. Monnerqué, sous la direction d'Adolphe Régnier, tome II, Paris, L. Hachette et Cie, coll. « Les grands écrivains de la France », 1862.
Maucroix, Œuvres diverses, présentées par Louis Paris (éditeur), tome I, Paris, J. Techener, 1854.
Mauriac, François, *La Vie de Jean Racine*, Grasset, 1928.
Mémoires d'Hortense et Marie Mancini, Mercure de France, 1965, rééd. 1987.
Mémoires de Louis XIV, texte présenté par Joël Cornette, Tallandier, coll. « Texto », 2007.
Niderst, Alain, *Les Français vus par eux-mêmes : le siècle de Louis XIV*, Laffont, 1997.
Œuvres complètes de Boileau-Despréaux, présentées par Pierre Daunou et précédées d'une notice sur sa vie, tome I, Baudouin frères, 1828.
Œuvres complètes de Molière, présentées par Jules Taschereau et précédées de l'histoire de la vie et des ouvrages de Molière, Paris, Marescq et Cie,1857.
Œuvres de Boileau, présentées par Jean-Augustin Amar du Rivier, avec un choix de notes des meilleurs commentateurs, et précédées d'une notice par M. Amar, Paris, Bestault, 1854.
Œuvres de Jean Racine, présentées par Paul Mesnard, nouvelle édition, tome I, J. Hachette et Cie, 1865.
Œuvres de Scarron, nouvelle édition, tome I, Paris, Jean-François Bastien, 1786.
Orieux, Jean, *Bussy-Rabutin, le libertin galant homme*, Paris, Flammarion, 1958.
Rémy, Jean-Charles, *Madame de La Fayette*, Rencontre Lausanne, 1967.

Renée, Amédée, *Les Nièces de Mazarin – Études de mœurs et de caractères au XVII*e siècle, 2e édition, Paris, Firmin Didot frères, fils et Cie, 1856.

Saint-Simon, *Mémoires I* et *Mémoires II*, éditions d'Yves Coirault, Gallimard, coll. « Folio Classique », 1998.

Truchet, Jacques (sous la direction de), *Le XVIIe siècle*, Paris, Berger-Levrault, 1992.

Vincent, Rose, *L'Enfant de Port-Royal, le roman de Jean Racine*, Paris, Seuil, 1991.

Éditions modernes pour les Fables, Contes et Nouvelles de La Fontaine (avec commentaires et notes)

La Fontaine, Contes et Nouvelles en vers, présentés par Alain-Marie Bassy, Paris, Gallimard, coll. « Folio Classique », 2004.

Fables choisies, présentées par Pierre Clarac, Paris, Association pour la diffusion de la pensée française, coll. « Collection française », 1946.

Contes et Nouvelles en vers de La Fontaine, présentés par Pierre Clarac, Paris, Société des Belles Lettres, 1934.

Œuvres complètes. L'intégrale, préface de Pierre Clarac, présentation et notes de Jean Marmier, Paris, Seuil, 1965.

Les Fables, présentées par Pierre Cailler, vol. 1 et vol. 2, Genève, Edito-Service, sans date.

Fables, édition de Jean-Charles Darmon et Sabine Gruffat, Livre de poche, 2002.

Parmi les lectures de Jean de La Fontaine, on peut citer : Ésope, Phèdre, Honoré d'Urfé, François de Malherbe, Clément Marot, François Rabelais, les *Contes* de Boccace, Don Quichotte, les classiques grecs et latins.

Remerciements à
Antoine
Bruno
Dominique
Isabelle
Laura
Maurice
et Stéphane, mon éditeur.

Table des matières

Cet ouvrage a été composé par
IGS-CP à L'Isle-d'Espagnac
et achevé d'imprimer sur Roto-Page
par l'Imprimerie Floch à Mayenne
Dépôt légal : octobre 2012
N° d'édition : 1213/01
N° d'impression : 83318
Imprimé en France